Jacques Rebuffot

LE POINT SUR L'IMMERSION AU CANADA

© 1993, Centre Éducatif et Culturel inc.
8101, boul. Métropolitain, Anjou (Québec) HlJ lJ9

Tous droits réservés

Dépôt légal : 2ᵉ trimestre 1993
Bibliothèque nationale du Québec
Bibliothèque nationale du Canada

ISBN : 2 7617 1047 – 9
ISBN : 978-2-7617-1047-3

Imprimé au Canada

Conception graphique et production : **Édiflex inc.**

3   4   5   TN   09   08   07

REMERCIEMENTS

Je tiens à remercier très chaleureusement Roy Lyster d'avoir lu plusieurs fois ce manuscrit et de m'avoir fait des suggestions très pertinentes, Pierre Calvé d'avoir accepté de réagir à ce travail, enfin Claude Germain de sa confiance, de sa patience et de ses encouragements.

Note : l'utilisation du masculin a été choisie pour faciliter la lecture de l'ouvrage. Son usage n'est pas discriminatoire.

AVANT-PROPOS

Quand on m'a demandé de faire le point sur l'immersion en français, j'ai accepté la tâche avec plaisir pour plusieurs raisons. Sur le plan personnel, j'ai immédiatement pensé à mes élèves anglophones du secondaire au temps où je leur enseignais l'histoire et la géographie physique en français. Je garde de ces années le meilleur des souvenirs. Sur le plan professionnel, j'ai également songé à tous les étudiants universitaires en formation des maîtres auxquels j'ai tenté de faire partager mon expérience et, je le reconnais, mon enthousiasme au sujet de l'enseignement du français langue seconde.

Mais je me suis aussi vite rendu compte de la difficulté de la tâche. En effet, depuis 1965, au moment de l'ouverture des premières classes dans la banlieue sud de Montréal, les programmes d'immersion en français ont pris des visages divers, se sont vigoureusement implantés au Canada, ont fait l'objet de centaines de publications, enfin ont rencontré des succès comme des résistances et des difficultés. Ils ont même fait école dans certains pays étrangers. Était-il, dès lors, possible de faire le point d'une manière objective et le plus fidèlement possible? Mais le défi de présenter en français un tableau de l'immersion au Canada se devait d'être relevé.

Compte tenu de la diversité de cette forme d'éducation bilingue que constitue l'immersion en français, la première partie retrace les débuts de l'immersion dans un climat sociopolitique particulièrement important pour le Canada. On tente également d'y donner un aperçu de diverses tentatives étrangères contemporaines dont certaines offrent plus ou moins de ressemblances avec l'exemple canadien.

La deuxième partie de l'ouvrage présente une synthèse des caractéristiques et des incidences directes de l'immersion sur des points fondamentaux. Elle aborde donc successivement les traits propres de l'immersion en français au Canada (chapitre 2), ses effets sur l'apprentissage du français (chapitre 3), sur le niveau de maîtrise de l'anglais ainsi que sur l'apprentissage des matières scolaires (chapitre 4). Le chapitre 5 examine les incidences de l'immersion sur les enfants défavorisés ainsi que ses conséquences sociopsychologiques. Le chapitre 6 analyse les ajustements qui paraissent nécessaires aux programmes d'immersion en français pour leur éviter de s'essouffler.

La dernière partie tente d'en dresser un bilan objectif et d'analyser l'avenir qui s'offre aux programmes d'immersion. Mais c'est une gageure de vouloir dessiner la voie ou plutôt les voies que ces programmes pourraient prendre dans un pays aux visages de plus en plus multiples, où la recherche d'une identité nationale semble, parfois, être un art en lui-même.

L'immersion en français fait partie des moyens envisagés par ceux qui ont rêvé ou rêvent encore de faire d'un pays immense et divers, s'étendant de l'Atlantique au Pacifique, un pays bilingue. Il serait, certes, utopique de croire que l'ensemble des Canadiens anglophones maîtriseront un jour parfaitement le français. Ce n'est pas le but des programmes d'immersion ni celui de la législation fédérale sur les langues officielles du Canada. Mais, puisque jusqu'à présent il semble toujours y avoir davantage de Canadiens francophones qui connaissent l'anglais que de Canadiens anglophones employant le français, il est sage d'espérer qu'un assez grand nombre de ces derniers en auront un jour une maîtrise suffisante pour renforcer et maintenir l'esprit de tolérance et de compréhension dont l'avenir du pays a besoin.

TABLE DES MATIÈRES

TROISIÈME PARTIE

PREMIÈRE PARTIE

COUP D'ŒIL
RÉTROSPECTIF

LES DÉBUTS DE L'ENSEIGNEMENT PAR IMMERSION

Les objectifs de ce premier chapitre sont au nombre de quatre. Il s'agit, d'abord, de présenter les événements historiques et sociaux qui ont entouré les débuts de l'enseignement du français par immersion au Québec et au Canada. Une deuxième partie présentera les circonstances particulières de la mise sur pied de la première classe maternelle où de jeunes enfants de langue anglaise ont reçu un enseignement total en français, leur langue seconde. La troisième partie du chapitre analysera la diffusion de cette expérience pédagogique originale à travers le Canada. Enfin, seront présentées les analyses des programmes d'immersion aux États-Unis et de diverses tentatives, européennes surtout, dans le domaine de l'éducation bilingue, souvent marquées par les premières expériences canadiennes.

A) LE CONTEXTE HISTORIQUE ET LE CLIMAT SOCIAL

La mort, en septembre 1959, de Maurice L. Duplessis, premier ministre du Québec et chef de l'Union nationale, place, selon les historiens, le Québec à l'heure du monde (Lacoursière *et al.* 1970 : 546). C'est la fin d'une époque et l'avènement de grands changements (Bouchard *et al.* 1991 : 28). L'opposition libérale, dirigée par Jean Lesage, est portée au pouvoir, en juin

1960, avec le slogan «C'est le temps que ça change». Connue de nos jours sous le nom de Révolution tranquille, l'époque connaît des changements profonds qui se produisent sans violence mais fermement. Par exemple, d'importantes réformes scolaires, sociales et économiques sont alors entreprises et elles sont l'œuvre, avant tout, des francophones du Québec : mise sur pied d'un enseignement unifié, réforme hospitalière et réforme des soins de santé, démocratisation du système judiciaire, enfin, prise en charge par l'État québécois des leviers de commande économiques. Parallèlement, on assiste à une recrudescence de mouvements séparatistes dont les thèses s'appuient sur l'infériorité économique des Canadiens de langue française, les menaces qui pèsent sur le statut du français dans le contexte du fédéralisme canadien de l'époque et l'indifférence des Canadiens de langue anglaise à l'égard des aspirations du Québec.

Dans le Canada du début des années 1960, l'anglais est la langue des affaires, du travail et des communications gouvernementales. C'est aussi la langue de l'éducation pour les trois-quarts des Canadiens. Au Québec, on constate avec inquiétude que l'anglais domine les secteurs économiques, industriels, commerciaux et structurels (fonction publique fédérale et forces armées). Bien que défendu comme symbole de l'identité particulière de la francophonie nord-américaine depuis la conquête anglaise, le français est perçu, en 1960, au Québec, dans la région montréalaise en particulier, et au sein des minorités de langue française à travers le Canada, essentiellement comme la langue des relations familiales et sociales. Certes, l'éducation est dispensée en français dans les secteurs catholiques québécois (enseignement privé et enseignement public) et canadien (enseignement privé, surtout), mais les francophones québécois et canadiens des couches sociales moyennes et inférieures qui veulent réussir socialement doivent apprendre l'anglais[1]. La situation linguistique québécoise de l'époque est donc diglossique

---

[1]   Calvé soutient que ce n'était pas le cas au Québec dans les professions libérales (communication avec l'auteur).

(Fishman 1971 : 87-97), avantageant l'anglais, langue prestigieuse, au détriment du français, «langue de seconde zone»
(Corbeil 1980 : 30).

Or, à partir de 1960 (Corbeil 1980 : 31- 66), la défense du
français, au Québec, passe du plan linguistique aux plans
économique et politique en devenant un outil de développement
et d'affranchissement. En reprenant la terminologie de Corbeil
(1980 : 16 -24), on pourrait lier la réflexion québécoise sur la
relation langue – identité sociale (Hakuta 1986 : 3) d'abord à la
survivance (1760 -1845) et à la conservation (1845 -1945) de
ceux qu'on nomme alors les Canadiens français, ensuite au
rattrapage (1945 -1962), enfin au dépassement (1962 -1977)
d'une société qui se veut avant tout québécoise.

Entre 1960 et 1970, le Québec veut donc se donner un visage
français et remet en cause la notion de bilinguisme social en
s'appuyant sur les recherches américaines de la première moitié
du XXe siècle (Hakuta 1986 : 14-33). On voit d'abord dans le
bilinguisme une attitude culturellement suicidaire. Il est également perçu comme une contrainte touchant les seuls francophones, les anglophones restant majoritairement unilingues. Ensuite, on estime que le bilinguisme ouvre la porte à la contamination du français par l'anglais. L'idée du français comme seule
langue d'usage, à titre de langue prioritaire ou langue officielle,
est proposée comme rempart au bilinguisme et à l'anglicisation.
Enfin, la réflexion québécoise sur le bilinguisme reprend à son
compte les résultats des recherches qui, depuis le début du XIXe
siècle jusqu'aux années 1960, attribuent au bilinguisme des
effets négatifs sur l'intelligence. En effet, Baker (1988 : 9 -15)
rappelle que les recherches ayant porté sur les bilingues juifs,
espagnols, mexicains, italiens, allemands, polonais, chinois,
japonais et hongrois établis aux États-Unis ont démontré qu'ils
obtenaient des résultats inférieurs aux unilingues américains
dans des tests verbaux d'intelligence. Au Royaume-Uni, des
résultats semblables avaient été obtenus par les bilingues gallois

comparés à des monolingues de langue anglaise. On tire donc la conclusion que le bilinguisme, dans une situation de langue minoritaire, a des effets négatifs sur l'intelligence. Baker (1988 : 15) précise, cependant, que toutes ces recherches avaient des défauts méthodologiques dont la gravité suffisait à en rejeter les conclusions. D'un autre côté, à l'opposé des opinions défavorables au bilinguisme, les résultats des recherches menées, en 1962, par Elizabeth Peal et Wallace Lambert sur 110 écoliers de dix ans fréquentant des écoles françaises de Montréal démontraient que les enfants bilingues obtenaient de meilleurs résultats que les enfants unilingues dans des tests verbaux et non verbaux (Hakuta 1986 : 34). Historiquement, ces résultats favorables au bilinguisme marquent un changement important et établissent les fondements de la recherche future dans ce domaine. Selon Baker (1988 : 17), Peal et Lambert, dans leur interprétation positive des rapports entre le bilinguisme et l'intelligence, tentent de démontrer que le bilinguisme peut avoir des effets bénéfiques sur le développement cognitif. Les résultats de ces dernières recherches vont jouer un rôle important dans la conception et la mise en place d'un programme scolaire d'immersion française à Montréal.

De concert avec le mouvement de francisation, les notions de majorité et de minorité linguistiques évoluent au Québec. À partir de la Révolution tranquille, les Québécois commencent à se percevoir, en effet, comme majoritairement francophones tout en reconnaissant l'existence et les apports d'une minorité influente de langue anglaise. Cette prise de conscience majoritaire explique, du moins en partie, la perception négative que l'on a du système d'éducation de langue anglaise quand celui-ci est un pôle d'attraction pour l'immigration. C'est, en effet, parce que les écoles anglaises, surtout dans la région montréalaise, attirent la majorité des immigrants arrivant au Québec et même des enfants de langue maternelle française voulant apprendre l'anglais qu'on y voit une menace au maintien du groupe francophone majoritaire dans le domaine de l'éducation. La perception négative du système d'éducation de langue anglaise comme force assimilatrice correspond à une baisse importante de la natalité dans le Québec francophone et à la crainte des effets négatifs de la dénatalité sur le système d'éducation de langue française.

Sur le plan sociopolitique, plusieurs événements reflètent ces courants de pensée et débouchent sur des prises de décision importantes. En 1961, le gouvernement québécois établit la Commission royale d'enquête sur l'enseignement dans la province de Québec, connue sous le nom de commission Parent. Son mandat est d'examiner dans sa totalité le système d'éducation du Québec et de faire des recommandations pour son amélioration. Deux autres commissions sont, quelques années après, mises sur pied : la première est fédérale – la Commission royale d'enquête sur le bilinguisme et le biculturalisme, dite commission Laurendeau-Dunton (1963) –, la seconde est québécoise – la Commission d'enquête sur la situation de la langue française et sur les droits linguistiques au Québec, dite commission Gendron (1968). La commission Laurendeau-Dunton donne la preuve du peu de poids des francophones dans l'économie canadienne. Elle souligne aussi l'ambiguïté et les difficultés du bilinguisme. À cause du prestige et du statut de l'anglais, la Commission distingue entre un bilinguisme de choix pour les anglophones et un bilinguisme de contrainte pour les francophones (Corbeil 1980 : 46). Enfin, la Commission illustre la relativité des notions de majorité et de minorité selon que l'on examine le Canada dans son entité ou bien seulement le Québec. À la suite de l'identification et de l'analyse des facteurs déterminant l'importance relative d'une langue dans un Québec où l'anglais et le français sont utilisés, la commission Gendron constate la prédominance de l'anglais dans le marché du travail québécois, autant parmi les francophones que parmi les immigrants, en particulier dans les milieux urbains de la région de Montréal. Elle soutient aussi que le Québec a le droit de légiférer dans le domaine des langues et recommande d'augmenter le pourcentage des francophones québécois aux paliers moyens et supérieurs des fonctions administratives et techniques des entreprises afin d'aider à la généralisation du français.

Les effets des recommandations de ces différentes commissions sont importants. Ils se traduisent par des mesures législatives qui renouvellent les structures de l'enseignement au Québec et mettent en place des politiques d'aménagement linguistique affectant directement le statut et la généralisation du français et ouvrant la voie à son imposition. À la suite des recommandations de la commission Parent, la *Loi de l'instruction publique* crée, en 1964, un ministère de l'Éducation, concrétisant ainsi la volonté de l'État provincial de reprendre aux autorités religieuses et locales la responsabilité des services éducatifs et d'en assurer l'accès à tous les Québécois. Les milieux anglo-québécois de l'éducation s'étonnent, de nos jours, de la date tardive de la création d'un tel ministère. Cependant, le ministère de l'Éducation mis en place en 1964 est l'héritier direct du ministère de l'Instruction publique qui avait existé au Québec entre 1867 et 1875. Bien qu'issue des préoccupations de l'époque (novembre 1969) et non de recommandations de commissions d'enquête, la *Loi pour promouvoir la langue française au Québec* établit les conditions pour favoriser l'utilisation du français comme langue du travail et des affaires. Elle oblige d'une part les commissions scolaires à offrir l'enseignement en français mais, de l'autre, laisse aux parents le choix de la langue d'enseignement. Du coup, les immigrants optent presque tous pour l'enseignement en anglais (Plourde 1988 : 11-12). Sur le plan de la promotion du français, l'échec de cette mesure législative est donc évident, selon Corbeil (1980 : 55). Au niveau fédéral, la *Loi sur les langues officielles* (1969) est la conséquence directe des recommandations de la commission Laurendeau-Dunton. Elle fait de l'anglais et du français les deux langues officielles du Canada pour tout ce qui touche le Parlement et le gouvernement au niveau fédéral. Au Québec, la *Loi sur la langue officielle* (1974) établissant le français comme seule langue officielle de la province et comme langue d'enseignement résulte des travaux de la commission Gendron et mène à une politique vigoureuse d'aménagement linguistique. En mars 1977, le gouvernement du Québec, issu de l'arrivée au pouvoir du Parti québécois, rejette le bilinguisme institutionnel et généralisé (Plourde 1988 : 27) parce qu'il constitue une menace pour la survie du français. Il fait adopter la *Charte de la langue française*. Cette loi va plus loin que la *Loi sur la langue officielle* en faisant du français la langue de la justice et des lois, la langue de l'administration publique et des organismes parapublics, la langue du monde du travail, la langue du commerce et des affaires, celle des entreprises, enfin celle de l'enseignement. Dans ce dernier domaine, le ministère de l'Éducation assume désormais une double responsabilité, autant du point de vue de l'enseignement de la langue maternelle que de celle de l'enseignement du français langue seconde. En effet, dans un tel climat de revalorisation de la langue de la majorité des Québécois, la qualité de cet enseignement devient une priorité, à la fois comme langue maternelle au sein des écoles de langue française, et comme langue seconde dans les institutions scolaires de langue anglaise.

Les débuts de l'enseignement du français par immersion au Québec semblent, par conséquent, résulter d'un contexte historique marqué par les acquis politiques, économiques et sociaux de la Révolution tranquille, d'un climat social imposant une révision du statut du français, et d'une prise de conscience que l'enseignement du français laisse à désirer dans les écoles de langue anglaise. Ainsi germe et se développe l'idée d'utiliser le français comme outil et comme langue d'enseignement afin d'en faciliter et d'en améliorer l'apprentissage. Au cours de l'année 1963, un groupe de parents québécois de langue anglaise commence donc à envisager la possibilité d'offrir à des enfants de cinq ans un programme scolaire entièrement donné en français au sein d'une commission scolaire protestante.

CHAPITRE 1

B) LES DÉBUTS DE L'ENSEIGNEMENT DU FRANÇAIS PAR IMMERSION AU QUÉBEC

L'idée de dispenser un enseignement bilingue et d'enseigner, en particulier, des matières scolaires dans une langue différente de la langue maternelle n'est pas nouvelle. Par exemple, Genesee (1987 : 1) rappelle qu'il y a des preuves très anciennes d'une éducation dans deux langues différentes pour de jeunes enfants. Germain (1993 : 7; 21-26), beaucoup plus précis, rappelle que l'enseignement scolaire d'une langue seconde, à Sumer (l'actuelle Bagdad, en Irak), il y a plus de 5000 ans, est attesté par des documents retrouvés à ce jour. Cet enseignement est de type «immersif» dans la mesure où, en plus de la langue seconde sumérienne, des matières scolaires comme la théologie, la botanique, la zoologie, la minéralogie, la géographie et les mathématiques étaient enseignées en sumérien à des élèves dont cette langue n'était pas la langue première. Si la Grèce ancienne n'a pas connu d'enseignement scolaire bilingue du type sumérien (Germain 1993 : 36), en revanche, pendant les deux derniers siècles avant Jésus-Christ, les enfants des riches familles de la République romaine recevaient un enseignement bilingue, à la fois en grec, langue seconde, et aussi en latin, langue première (Germain 1993 : 43-47 et Hacquard, Dautry et Maisani 1952 : 83). Ainsi les enfants romains apprenaient-ils d'abord à parler le grec, avant le latin. Parvenus à l'âge scolaire, ils apprenaient à lire et à écrire dans les deux langues. Certaines familles fortunées s'arrangeaient même pour que le personnel domestique soit d'expression grecque afin d'exposer les enfants et les adolescents à la langue seconde tous les jours et sans contrainte (Demat et Laloup 1964 : 23, Germain 1993 : 45). À cette époque, toute la haute société romaine cultivée s'exprimait dans les deux langues, le grec et le latin. Au XIXe siècle, les enfants européens des familles aristocratiques et de la classe bourgeoise aisée avaient des gouvernantes ou des précepteurs qui parlaient une autre langue. À l'époque des grands empires coloniaux, l'anglais, le français, le hollandais ou le portugais, par exemple, étaient langues d'enseignement dans les écoles fréquentées non seulement par les enfants des colonisateurs mais aussi par ceux de certaines couches sociales des peuples colonisés. Artigal (1991 : 1) rappelle aussi qu'en Espagne, sous le régime politique du général Franco, les enfants recevaient leur enseignement en espagnol même si leurs langues premières étaient le catalan, le basque ou le galicien.

Il semble qu'on ait des difficultés à déterminer la paternité de l'enseignement du français par immersion au Québec et au Canada (Ouellet 1990 : 5-15). Déjà, le tome II du *Rapport de la Commission royale d'enquête sur l'enseignement dans la province de Québec* mentionne une expérience intéressante de Canadiens anglais du Québec désireux d'apprendre le français. On y lit : «Sur le plan scolaire, cela se manifeste par quelques initiatives intéressantes : préparation de manuels spéciaux, pour chacun des degrés du cours, ou expérience entreprise par la Commission scolaire de West Island, dans la banlieue ouest de Montréal, et qui consiste à enseigner en français à des élèves anglophones une partie des matières ordinaires du programme : géographie, histoire, sciences ou autres» (1964 : 70). Un bulletin de l'association Canadian Parents for French donne également le nom de l'école Cedar Park de la Commission scolaire de West Island comme étant le lieu, dès 1958, de la première tentative expérimentale d'immersion française (*CPF National Newsletter* 1985 : 5). Enfin, on reconnaît également l'apport de la «Toronto French School», école privée fondée en 1962 à Toronto, qui a été une des premières à avoir dispensé un enseignement totalement immersif du français (Melikoff dans Lambert et Tucker 1972 : 231; Ouellet 1990 : 11-14). Cependant, c'est l'expérience dite de Saint-Lambert qui a reçu le plus de publicité et a fait l'objet, dès le départ, d'une attention particulière, tant des parents que des universitaires et des chercheurs chargés d'en faire l'évaluation.

Melikoff (dans Lambert et Tucker 1972 : 219-236), en effet, raconte comment, le 30 octobre 1963, une douzaine de parents protestants de la ville de Saint-Lambert, dans la banlieue sud de Montréal, inquiets de l'état lamentable de l'enseignement du français langue seconde dans leur commission scolaire (Chambly County Protestant Central School Board), décident de s'organiser afin de remédier à cette situation. L'inquiétude de parents anglo-québécois trouve des échos dans le tome II du rapport Parent, cité ci-dessus. En effet, on y souligne la pauvreté de l'enseignement des langues secondes au Québec : «Quand on pense qu'un bachelier moyen de nos collèges classiques, après huit années d'anglais, est souvent incapable de le parler ou de le lire, ou qu'un finissant de "high school", après neuf ans de français, n'en sait pas assez pour l'utiliser ensuite dans la vie, il est urgent de s'interroger sur la qualité de cet enseignement de la langue seconde dans les écoles de notre province. L'enseignement de la langue seconde, dans le Québec, doit être bien donné ou n'être pas donné du tout» (1964 : 71-72). Certains parents québécois de langue anglaise, de milieux économiques aisés, désirent donc que leurs enfants réussissent dans un Québec au visage de plus en plus français. D'autres voient dans le bilinguisme individuel de leurs enfants des bienfaits culturels, intellectuels et sociaux. Certes, déjà à cette époque, certains parents protestants choisissent d'envoyer leurs enfants dans des écoles catholiques de langue française. Mais les autorités scolaires catholiques rendent ce choix de plus en plus difficile par crainte d'avoir à accepter un trop grand nombre d'enfants protestants. La solution initiale envisagée par le groupe de parents anglo-québécois est de mettre sur pied un programme de quatre ans, entièrement offert en français, à l'intérieur de leur système d'éducation, pour les enfants de la maternelle et des trois premières années du primaire. Ayant reçu le soutien de 240 parents, une proposition pour enseigner en français lecture et écriture est présentée aux membres de la commission scolaire protestante de Chambly. La proposition est rejetée. Ne se décourageant pas, les parents organisent, à leurs frais, des cours supplémentaires offrant aux enfants un bain de langue française. Ils contactent aussi Wallace Lambert, psychologue social, et Wilder Penfield, neurologue, de l'Université McGill. Ils publient des articles de presse et, enfin, assistent en force aux réunions du bureau de direction de la commission scolaire. Au bout de presque deux années de pression, les commissaires acceptent finalement d'ouvrir, en septembre 1965, une classe maternelle expérimentale, où tout l'enseignement est dispensé en français. On prévoit aussi l'ouverture d'une autre classe du même type l'année suivante. L'objectif de l'expérimentation est de promouvoir, chez de jeunes enfants, un bilinguisme fonctionnel en utilisant le français comme langue d'enseignement. Les inscriptions débutent un jour de printemps 1965 à 13 h. Cinq minutes plus tard, le total de vingt-six enfants de cinq ans est atteint. Dans le courant de l'année scolaire 1965-1966, la commission scolaire protestante de Chambly et le ministère de l'Éducation du Québec demandent alors officiellement à Wallace Lambert et à Richard Tucker, tous deux du département de psychologie de l'Université McGill, d'évaluer le programme. On cherche à comparer les progrès des enfants anglophones ayant reçu un enseignement entièrement en français à deux groupes d'enfants : l'un de langue anglaise, ayant reçu un enseignement en anglais, et l'autre de langue française, soumis à un enseignement en français. Dans cette foulée, la commission scolaire accepte de continuer l'expérimentation pour deux années supplémentaires. En 1966-1967, la commission scolaire protestante de Chambly, à la suite de l'Opération 55 lancée par le ministère de l'Éducation (1964) pour regrouper les petites commissions scolaires, devient partie intégrante de la commission scolaire régionale protestante de la Rive-Sud (South Shore Protestant Regional School Board).

CHAPITRE 1

C) LA DIFFUSION DE L'ENSEIGNEMENT PAR IMMERSION AU CANADA

1. L'IMMERSION EN FRANÇAIS AU QUÉBEC

Dès juin 1971, Melikoff souligne (Lambert et Tucker 1972 : 235-236) que l'expérimentation de l'enseignement du français par immersion touchait 700 enfants dans la région de la Rive-Sud de Montréal. Elle ajoute aussi qu'elle s'est étendue à diverses commissions scolaires protestantes et à quelques commissions scolaires catholiques de la région de Montréal. Cette expansion serait due, selon Melikoff, à la publication (Stern 1978 : 837) des premiers résultats favorables de l'évaluation menée par l'équipe de McGill (Lambert et Macnamara 1969 : 86-96), aux rapports écrits par le comité français de la nouvelle commission scolaire régionale protestante de la Rive-Sud, aux autorisations annuelles accordées par le ministère de l'Éducation, enfin au prosélytisme du groupe des parents dont l'action avait été déterminante pour le lancement de l'expérience de l'enseignement précoce du français par immersion. En 1976, des programmes d'immersion en français sont offerts, au Québec, dans la région de Hull, de Laval, de Montréal et de Lennoxville. Ils commencent tous, soit en maternelle, soit en 1re année, à l'exception de la Commission scolaire Lakeshore qui fait commencer ses programmes en 4e année et de celle de Western Québec dont le programme débute en 7e année.

En dix ans, de 1971 à 1981, le nombre des élèves inscrits en immersion en français au Québec augmente de 700 à 18 500 (tableau I). Ce dernier chiffre représente une proportion de 12,5 % des élèves inscrits dans les écoles anglaises en 1981. Certes, de 1977 à 1987, les effectifs québécois en immersion oscillent entre 17 500 et 18 750, ce qui donne l'impression d'une faible augmentation. Cependant, il y a lieu de souligner ici les effets de la *Charte de la langue* française (1977) qui contraint les enfants d'immigrants au Québec à être inscrits dans les écoles de langue française et fait tomber les effectifs des écoles anglaises de 234 103, en 1975, à 107 000, en 1987. Dans un contexte de diminution constante du nombre des élèves dans les écoles anglaises, le pourcentage des inscriptions en immersion augmente donc de manière constante, passant de 12,5 % en 1981 à 18 % en 1988. En 1989-1990, les effectifs auraient connu, selon le rapport de 1990 du commissaire aux langues officielles (1990 : 348), une brusque envolée pour atteindre le nombre de 28 717, soit un pourcentage passant à 28 % des effectifs des écoles anglaises.

Tableau I			
EFFECTIFS SCOLAIRES ET EFFECTIFS DES CLASSES D'IMMERSION EN FRANÇAIS AU QUÉBEC			
ANNÉE	**POPULATION SCOLAIRE TOTALE**	**ÉLÈVES DE L'IMMERSION[1] (ÉLÈVES DES ÉCOLES ANGLAISES)**	**POURCENTAGE IMMERSION / ÉCOLES ANGLAISES**
1977-78	1 232 983	17 754	*
1978-79	*[2]	*	*
1979-80	*	*	*
1980-81	*	18 000	*
1981-82	*	18 500 (148 114)	12,5
1982-83	*	17 500 (137 678)	12,7
1983-84	*	17 833 (128 408)	13,8
1984-85	*	18 178 (122 573)	14,8
1985-86	1 059 445	18 006 (116 674)	15,8
1986-87	1 037 174	18 391 (111 862)	16,4
1987-88	1 034 300	18 750 (107 000)	17,5
1988-89	1 032 300	19 000 (105 141)	18,0
1989-90	1 037 593	28 717 (102 843)	28,0
1990-91	935 000	30 800 (100 000)	30,8
1991-92	939 000[3]	32 000 (99 000)	32,3

[1] Source : Rapports annuels du Commissariat aux langues officielles de 1979 à1991.
[2] Données non disponibles.
[3] Estimation de Statistique Canada.

Ces chiffres impressionnants ne doivent cependant pas masquer deux faits importants qui illustrent l'expansion de l'immersion en français au Québec. Le premier touche à la conception de l'enseignement du français langue seconde pour les enfants anglophones du Québec. Le second est lié à l'ouverture d'écoles dites «françaises», surtout dans les commissions scolaires anglaises de Montréal et de sa région.

En 1978, au congrès de l'Association internationale de linguistique appliquée, tenu à l'Université de Montréal, éclate une controverse entre les tenants de l'approche immersive et ceux qui préconisent une formule différente. En effet, au cours de ce congrès, sont présentés les résultats d'une expérimentation d'enseignement intensif du français langue seconde menée à la Commission scolaire des Mille-Îles, dans la banlieue nord de Montréal, sur l'île de Laval. L'expérimentation consiste, dans une première année, à enseigner intensivement le français oral pendant cinq mois, puis la lecture, l'écriture et les mathématiques en français pendant les cinq mois suivants à de jeunes anglophones de 1re année. À partir de la 2e année, les élèves poursuivent leurs études selon la formule de l'immersion. Ce régime pédagogique est initialement double : dans un premier temps, il met l'accent uniquement sur la langue seconde, puis sur l'enseignement d'une matière scolaire, les mathématiques, dont les manifestations langagières sont limitées (Chamot et O'Malley 1987 : 231); dans un deuxième temps, il devient purement immersif. Présentée comme donnant un meilleur rendement que l'immersion traditionnelle, tant en français oral que dans les matières scolaires, l'expérimentation de la Commission scolaire des Mille-Îles attire les objections des chercheurs responsables de l'évaluation du programme immersif de Saint-Lambert. La controverse éclate de nouveau au grand jour, le 10 novembre 1980, quand *Le Devoir* publie un article d'Émile Bessette et de Gilles Bibeau (1980 : 7), tous deux professeurs à l'Université de Montréal, mettant en cause le bien-fondé des classes d'immersion et condamnant le système traditionnel d'enseignement des langues secondes au Québec. Ils soutiennent, en effet, que les enfants anglophones ayant étudié intensivement le français avant d'étudier progressivement en français les mathématiques et d'autres sujets scolaires ont des rendements linguistiques et scolaires nettement supérieurs à ceux de l'immersion traditionnelle. Mais ils constatent aussi qu'il a manqué à tous ces élèves des contacts avec les francophones pour pouvoir progresser davantage. Enfin, ils rapportent que le rendement en français d'un groupe d'élèves de 6ᵉ année ayant reçu un enseignement intensif pendant cinq mois a été comparé à celui d'élèves anglophones du même âge inscrits en immersion depuis six ans : «En dépit du fait que le groupe d'immersion était composé de sujets plus favorisés sur les plans intellectuel et socio-économique, la performance verbale des deux groupes s'est révélée comparable à certains égards. Sans doute, les élèves en immersion française depuis six ans sont légèrement supérieurs; mais est-il normal d'en arriver à peu près au même résultat après quelque 4500 heures d'apprentissage, en comparaison des quelque 400 heures mises à la disposition du groupe de français intensif?» Deux semaines plus tard (24 novembre), *Le Devoir* publie la réponse de Wallace E. Lambert (1980) de l'Université McGill rappelant que l'immersion a fait ses preuves et que la controverse a des motifs plus politiques que pédagogiques. Lambert reproche à Bessette et à Bibeau de mal interpréter les résultats des recherches sur l'immersion et de passer sous silence les défauts du schéma expérimental de la recherche sur le programme de la Commission scolaire des Mille-Îles. Il insiste, à ce propos, sur l'interdépendance entre les épreuves linguistiques utilisées et les objectifs du programme des Mille-Îles. Mais il met surtout l'accent sur la différence fondamentale entre les deux expérimentations. Le programme intensif de français des Mille-Îles privilégie les automatismes et les exercices structuraux alors que l'immersion en français, ayant une orientation dite «langue maternelle» et renforçant le développement cognitif des enfants, permet une acquisition spontanée de la langue

CHAPITRE 1

seconde. Enfin, il soutient que les résultats des recherches montrent que les élèves anglophones de 7ᵉ année en immersion «réussissent aussi bien que des élèves francophones (de niveaux intellectuel et socio-économique comparables) les tests de lecture, de compréhension auditive et de mathématiques».

Le deuxième fait qui influe sur la nature des programmes d'immersion au Québec est l'ouverture, depuis la mise en application de la *Charte de la langue française* (1977), d'un nombre de plus en plus grand d'écoles dites «françaises» dans le système d'éducation protestant et anglophone québécois. Ces écoles accueillent à la fois les élèves anglophones désireux d'aller plus loin que le bain linguistique d'un programme d'immersion, et les enfants d'immigrants qui, pour des raisons religieuses, préfèrent le système protestant d'éducation (Seidman 1988 : B1). Elles sont perçues comme des écoles de «super-immersion» dans la mesure où les élèves de langue anglaise y restent majoritaires (Genesee 1987 : 69). En 1986, on note que le pourcentage des enfants d'immigrants fréquentant les écoles françaises en milieu protestant monte à 20 %. En 1991, on compte, par exemple, deux écoles primaires fonctionnant tout en français (Beaconsfield et Pointe- Claire) au sein de la Commission scolaire Lakeshore dans la banlieue ouest de Montréal. Certaines autorités anglophones voient même dans l'ouverture d'écoles françaises une menace au maintien du statut des commissions scolaires de langue anglaise au Québec. C'est vraisemblablement dans ce phénomène de francisation de certaines structures scolaires anglaises qu'il faut voir la raison de la brusque envolée des inscriptions en immersion constatée, au Québec, en 1990 (voir le tableau I).

2.   L'IMMERSION DANS LE RESTE DU CANADA

Dans le reste du Canada, de grands changements se produisent également dans l'enseignement du français langue seconde à partir de 1969 (Stern 1978 : 838). À cette époque, en effet, la reconnaissance de l'importance du français au Canada est devenue un sujet politique, à la suite des recommandations (1967) de la commission Laurendeau-Dunton et de la *Loi sur les langues officielles* (1969). Déjà, entre 1955 et 1965, des programmes de français oral avaient été organisés, par exemple, à Ottawa et dans d'autres villes de l'Ontario mais sans donner de résultats satisfaisants du point de vue du bilinguisme. En 1969, à Ottawa encore, des parents déçus ainsi que des commissaires scolaires commencent à accuser certains administrateurs de ne pas en faire assez pour l'enseignement du français. C'est en 1969 que l'Ottawa Roman Catholic Separate School Board ouvre ses premières classes d'immersion et demande à un psychologue de l'Université d'Ottawa, Henry Edwards, d'évaluer le programme annuellement à compter de 1970. Cette année-là, d'autres classes d'immersion sont ouvertes par deux autres commissions scolaires (Ottawa Public School Board et Carleton Public School Board). Le Centre des langues modernes de l'Institut d'études pédagogiques de l'Ontario est chargé de l'évaluation du programme. Des classes d'immersion s'ouvrent également à Toronto. En 1968, le premier programme public dit «bilingue» est offert en maternelle à Coquitlam, en Colombie-Britannique, en réponse aux demandes des parents francophones. Mais il faut attendre 1973 pour que le premier programme d'immersion en français destiné aux anglophones soit également ouvert à Coquitlam (Martel 1991 : 90). En Alberta, devant l'intérêt que provoque l'immersion en français, le ministère de l'Éducation indique, en 1978, les conditions d'implantation d'un programme de français (Martel 1991 : 100). C'est en 1975 que le Conseil scolaire catholique de Port au Port de la province de Terre-Neuve et du Labrador offre un premier programme d'immersion en français au primaire, au cap St.George (Heffernan 1975 : 24-26 et Martel 1991 : 181). Pour le Nouveau-Brunswick, Edwards (1984 : 42) signale que l'immersion y démarre à la fin des années soixante dans deux districts anglophones.

Ces initiatives sont prises soit au moment, soit à la suite de la mise en application par le Secrétariat d'État du Canada du

CHAPITRE 1

Programme du bilinguisme en éducation (1970), devenu par la suite le Programme des langues officielles dans l'enseignement. Cette mise en place répond aussi à une recommandation de la Commission royale d'enquête sur le bilinguisme et le biculturalisme. Afin de promouvoir le bilinguisme au Canada et d'améliorer les relations entre les deux communautés linguistiques du pays, on propose de financer plus équitablement les coûts de l'enseignement dans la langue de la minorité et de rendre de meilleure qualité l'enseignement de la langue seconde (Peat, Marwick et Associés et Churchill 1987 : I et II). L'objectif du programme consiste à «promouvoir, à favoriser et à soutenir, dans chaque province et chaque territoire, l'enseignement dans la langue de la minorité de langue officielle, et à fournir à tous les Canadiens la possibilité d'apprendre leur seconde langue officielle» (Peat, Marwick et Associés et Churchill 1987 : IV). En 1973 et en 1974, deux millions de dollars sont donnés chaque année à la province de l'Ontario pour permettre diverses expérimentations dans l'enseignement du français (Stern 1978 : 840). En 1987, un rapport officiel d'évaluation de ce programme constate que plus de 2,5 milliards de dollars ont été dépensés au Canada pour promouvoir l'éducation dans la langue de la minorité (Peat, Marwick et Associés et Churchill 1987 : I).

En 1974, le Secrétariat d'État du Canada organise une conférence sur l'immersion à Halifax. On y remarque que les programmes d'immersion en français s'offrent de Coquitlam, Vancouver et Victoria (Colombie-Britannique) à Fredericton (Nouveau-Brunswick). Ce n'est plus désormais une expérimentation réservée pour une élite issue des classes moyennes (Stern 1978 : 839). On constate aussi la mise en place de divers modèles d'immersion : un programme d'immersion partielle (50 % en français et 50 % en anglais) en 1re année (Elgin County Board of Education en Ontario), et deux programmes d'immersion tardive, en 7e année à Montréal, et en 8e année dans le comté de Peel en Ontario (Shapson et Kaufman 1978 : 186-193). Enfin, on commence à se rendre compte d'un élargissement sémantique du terme d'*immersion* (Peat, Marwick et Associés et Churchill 1987 : III.12-14). En Alberta, par exemple, on désigne comme immersifs, au début des années 1970, les programmes d'enseignement en français dans une commission scolaire de langue anglaise, accueillant à la fois les non-francophones et les francophones minoritaires (Rebuffot 1988 : 25-26). Au Manitoba, la situation de l'éducation bilingue évolue dès que la loi scolaire 113 (1970) rend aux Franco-Manitobains le droit à l'enseignement en français. De jeunes anglophones s'inscrivent alors aux programmes initialement destinés aux francophones. Mais quand leur nombre devient trop important, les divisions scolaires de langue française commencent à offrir des programmes d'immersion (Boland-Willms *et al.* 1988 : 38-39).

C'est à cette époque que se développe un débat sur les rapports entre l'enseignement immersif et l'enseignement dans la langue de la minorité. Il est d'autant plus vif que, dans certaines provinces canadiennes de l'Ouest ou de l'Est du pays, les francophones minoritaires, réprésentant parfois moins de 2 % de la population, ne reçoivent pas encore d'éducation dans leur langue (Martel 1991 : 54-60). Le débat atteint un tournant décisif quand la Cour suprême du Canada, s'appuyant sur l'article 23 de la *Charte canadienne des droits et libertés* (1982), reconnaît, en 1990 (*Mahé c. La Reine*), les droits des minorités francophones canadiennes à un enseignement en français (Carey 1991 : 840 et Martel 1991 : 7). Préférant ne pas exposer leurs enfants à un enseignement offert complètement en anglais, certains parents de milieux minoritaires francophones de l'Ouest du Canada inscrivent leurs enfants dans des classes d'immersion en français parce qu'ils les considèrent comme un frein à leur anglicisation. Un programme d'immersion en français y est sans doute un instrument pour la promotion d'une langue officielle et minoritaire. Mais une école d'immersion, dans une division scolaire de langue anglaise accueillant des francophones minoritaires, ne risque-t-elle pas de détourner l'attention des milieux politiques de la nécessité d'ouvrir des écoles françaises?

CHAPITRE 1

D'un autre côté, au sein des écoles françaises, quand la minorité francophone en possède, la présence d'un nombre trop élevé d'anglophones est vue comme une anomalie et un danger. On s'efforce donc d'enrayer leurs inscriptions. Enfin, le phénomène de la dénatalité affectant leurs effectifs, certaines structures scolaires anglophones luttent pour décourager les inscriptions des élèves de langue anglaise dans des écoles concurrentes où sont offerts des programmes d'immersion. Au Manitoba, par exemple, on cherche ainsi à s'opposer à la «vague française» déferlant du Québec (Boland-Willms *et al.* 1988 : 39). En Ontario, une formule illustre les réticences de certains anglophones opposés à tout bilinguisme : «Bilingual today, French tomorrow» (Boland-Willms *et al.* 1988 : 70). Cette formule reprend le titre de l'ouvrage de J.V. Andrews, qui s'efforce de démontrer que l'immersion en français fait partie d'un complot pour modifier le caractère anglophone du Canada (Clift 1984 : 69-70). Certaines commissions scolaires de langue anglaise refusent carrément d'ouvrir des classes d'immersion malgré les pressions des parents. Cependant, en dépit de ces difficultés, on assiste à l'ouverture de classes d'immersion de plus en plus nombreuses à travers le Canada.

Ainsi, en 1976, un groupe de chercheurs de l'Institut d'études pédagogiques de l'Ontario (Bilingual Education Project Staff 1976 : 597-605) publie une liste des programmes d'immersion offerts à travers le Canada pour l'année scolaire 1975-1976. On y compte 52 programmes d'immersion en français offerts dans neuf provinces canadiennes en dehors du Québec : l'Alberta (8), la Colombie-Britannique (5), le Manitoba (5), le Nouveau-Brunswick (4), Terre-Neuve (1), la Nouvelle-Écosse (2), l'Ontario (24), l'Île-du-Prince-Édouard (1) et la Saskatchewan (2). En général, ces programmes débutent au primaire (maternelle ou 1re année), à l'exception du Peel Board of Education (8e année) et des villes de New Liskeard et Haileybury (6e année). Pour ce qui est du Nouveau-Brunswick, Edwards (1984 : 42) précise que, selon les statistiques de 1982-1983, les effectifs de l'immersion en français totalisent 8759 élèves, soit 10 % de la population scolaire anglophone (contre 2473 en 1976 - 1977). L'immersion y est offerte de la 1re à la 12e année (secondaire V) dans dix-sept des vingt-six districts scolaires de langue anglaise. C'est en 1982 que les élèves du programme immersif de la Riverview High School obtiennent leur diplôme de fin d'études secondaires (district 15) et, en 1985, c'est le tour de ceux de la Fredericton High School.

Afin de soutenir les programmes d'immersion, on a recours soit à des structures existantes, soit à de nouvelles structures. Ainsi, les commissions scolaires désireuses de donner à leurs élèves l'occasion de se trouver dans des situations réelles d'emploi de la langue utilisent les services de la Société éducative de visites et d'échanges au Canada (SEVEC).

En 1977 sont fondées l'Association canadienne des professeurs d'immersion (ACPI), qui regroupe aujourd'hui entre 1600 et 1800 membres actifs à travers le Canada, et le groupe de pression Canadian Parents for French (CPF), qui rassemble, en 1993, près de 18 000 parents désireux de promouvoir l'enseignement du français. En 1980, le rapport annuel du commissaire aux langues officielles (1980 : 36-38) résume ainsi l'expansion de l'immersion en français : «En 1969, cette méthode s'appliquait au stade expérimental à quelques centaines d'enfants de la région de Montréal, et, dix ans plus tard, quelque 15 000 participent à des programmes d'immersion dans le Québec et quelque 26 000 dans huit autres provinces.» L'auteur du rapport y voit un changement de l'attitude des Anglo-Canadiens vis-à-vis du français. Il constate également que les méthodes d'enseignement du français langue seconde «ont connu [...] une véritable révolution. Nous avons su, avec une rapidité incroyable, mettre au point de nouveaux programmes et élaborer des méthodes entièrement nouvelles d'enseignement de diverses matières en français.»

Selon des chiffres du groupe Canadian Parents for French, de 1977 à 1984, les effectifs des classes d'immersion en français s'accroissent de 247 %, allant de 45 679 inscriptions à 158 643 (*The CPF Immersion Registry 1986-1987*). Le rapport Peat et Marwick (1987 : III.12) note que le total des inscriptions en immersion, pour toutes les provinces, augmente de 116 % sur une période de quatre années scolaires, entre 1980 et 1985, et que les hausses à partir de la 7e année triplent presque. «Étant donné la tendance à la baisse des inscriptions en général [...], la hausse des inscriptions aux programmes d'immersion est particulièrement forte.»

Tableau II			
EFFECTIFS SCOLAIRES ET EFFECTIFS DES CLASSES D'IMMERSION EN FRANÇAIS AU CANADA			
Année	Population scolaire[1] totale	Élèves de l'immersion[1]	Pourcentage
1976-77	*[2]	17 763[3]	
1977-78	5 178 753	37 835[4]	
1980-81	*	53 170	
1981-82	4 770 295[5]	106 713	2,2
1982-83	*	116 524	
1983-84	*	135 609	
1984-85	*	158 289	
1985-86	4 664 475	180 345	3,8
1986-87	4 661 332	202 736	4,3
1987-88	4 694 048	221 314	4,7
1988-89	4 743 356	240 541	5,0
1989-90	4 796 781	265 579	5,5
1990-91	4 748 695	284 593	5,9
1991-92	4 835 000[6]	295 350	6,1

[1] Source : Rapports annuels du Commissariat aux langues officielles de 1979 à 1991.
[2] Données non disponibles.
[3] Sans le Québec.
[4] Avec le Québec.
[5] Martel, A. 1991 : 66.
[6] Estimation de Statistique Canada.

On constate, malgré tout, que si la progression du nombre des inscriptions en immersion est spectaculaire au Canada, leur pourcentage dans l'ensemble du pays, Québec compris, ne représente qu'une minorité d'élèves, allant de 0,7 % de la population scolaire totale en 1977 (37 835 sur 5 178 753 élèves) à 6,1 % de cette même population en 1991 (295 350 inscriptions en immersion sur un total de 4 837 300 élèves). «La majorité des élèves de français langue seconde inscrits dans les écoles canadiennes se retrouvent dans des programmes de français de base», précise LeBlanc (1990 : 1). Il reprend ainsi un commentaire de Stern (1984 : 5). Afin de souligner les coûts élevés des programmes d'immersion, certains mettent en rapport ce pourcentage encore faible et les sommes dépensées depuis 1970 pour promouvoir le bilinguisme à travers le Canada.

Si l'immersion en français a attiré et attire toujours un nombre respectable d'élèves canadiens, il ne faut pas oublier de mentionner aussi les programmes de français enrichi ainsi que les programmes d'immersion partielle et les programmes bilingues donnés dans des langues autres que le français. En effet, Stern signale l'existence de programmes de français enrichi qui offrent l'enseignement d'un ou deux sujets scolaires dans cette langue et permettent «un contact plus long avec le français dans une ambiance quasi immersive» (1984 : 4). Certaines commissions scolaires offrent également des programmes bilingues français-anglais au primaire (40 % en français et 60 % en anglais) ou des programmes intensifs donnant jusqu'à 80 minutes de français par jour. En outre, des programmes immersifs en ukrainien, en allemand, en chinois et en arabe sont, par exemple, organisés dans beaucoup de provinces canadiennes. Certes, au Québec, l'immersion en anglais est légalement interdite par la *Charte de la langue française* (1977), mais l'enseignement en hébreu et en français est disponible dans des programmes d'immersion dits doubles à Montréal (Edwards et Smyth 1976 : 526-527 et Genesee 1987 : 62-66). Dans certaines régions du Québec, des programmes d'immersion sont également mis sur

CHAPITRE 1

pied pour revitaliser les langues autochtones en danger, comme le mohawk, depuis 1985, dans la communauté de Kahnawake[2] au sud de Montréal (Genesee 1991 : 78 et 86) ou encore l'inuktitut, langue des Inuit du Grand Nord québécois (McAlpine 1992 : 21- 27). Genesee signale (1991 : 86) que les programmes d'immersion en langues autochtones rencontrent une série de difficultés qui leur sont particulières, à savoir une pénurie chronique d'enseignants maîtrisant la langue d'enseignement, l'absence, parfois, de programmes d'études appropriés à la culture des premiers habitants du continent nord-américain, enfin la pénurie de matériels pédagogiques et audio-visuels dans des langues de forte tradition orale, qui, comme le mohawk, n'avaient jamais été utilisées auparavant à des fins scolaires.

En 1971, l'Alberta est la première province canadienne à autoriser légalement l'usage de langues autres que l'anglais et le français pour l'enseignement (Cummins 1981 : 9; Martel 1991 : 99). La même année, le gouvernement fédéral canadien adopte une politique de multiculturalisme dans le cadre du bilinguisme, encourageant divers groupes ethniques à développer leurs cultures respectives. À ce propos, Jones (1984 : 35-40) présente une analyse intéressante des divers programmes immersifs multilingues offerts au primaire, à Edmonton, en réponse aux demandes de divers groupes ethniques soucieux de préserver leurs langues d'origine. Un programme bilingue en anglais (50 %) et en ukrainien (50 %) y débute en septembre 1974 dans le système des écoles publiques primaires (Lamont *et al.* 1978 : 175-185). En 1979, on compte près de 800 élèves dans ce type de programme (Cummins 1981 : 9). Un cours bilingue anglais-hébreu y est aussi donné à l'école Talmud Torah depuis 1975. Un

---

[2]   La communauté de Kahnawake offre un programme d'immersion totale et précoce en mohawk de la maternelle à la 3e année, puis un programme d'immersion partielle (50 % en anglais et 50 % en mohawk) de la 4e à la 6e année. Un programme expérimental d'immersion précoce en cri devait être mis sur pied à compter de septembre 1992 par la Commission scolaire cri de la Baie-James, dans le nord du Québec (McAlpine 1992 : 21 et 25).

programme anglais-allemand est mis sur pied en 1978. Sont également offerts, depuis 1982, un programme en arabe et en anglais ainsi qu'un programme anglais-chinois (mandarin). Cummins (1981) signale que depuis 1979 le Manitoba permet l'utilisation de langues non officielles comme langues d'enseignement. En 1980, 320 élèves y sont inscrits dans un programme bilingue ukrainien-anglais. La situation est identique en Saskatchewan. En Ontario, en 1977, est mis sur pied le programme Heritage Languages qui permet le financement des langues patrimoniales pour un total de deux heures et demie hebdomadaires en plus de la semaine scolaire régulière de cinq jours. En soi, le programme ontarien n'est pas un programme bilingue. Il attire, cependant, de nombreux élèves. Par exemple, en 1979, on dénombre 79 017 inscriptions dans ce programme, représentant quarante-quatre groupes linguistiques différents. De même, au Québec, en 1978, est lancé le Programme d'enseignement des langues d'origine (PELO) qui autorise l'enseignement des langues dites d'origine. On en compte quatorze en 1990. En outre, le ministère de l'Éducation fournit une aide financière aux commissions scolaires qui donnent des cours de langue et offre aussi des services d'animation pédagogique au personnel enseignant. La presque totalité des élèves inscrits dans ces programmes (soit 6000, en 1989-1990) se trouvent à Montréal (Ministère de l'Éducation du Québec 1990 : 26). Ils ne s'inscrivent pas tous nécessairement dans les commissions scolaires de langue française. En 1992, par exemple, l'école primaire Pointe-Claire de la commission scolaire anglophone Lakeshore dans la banlieue ouest de Montréal, école où tout l'enseignement est dispensé en français, offre en fin d'après-midi, entre 16 h et 17 h 30, des cours d'italien, d'allemand, d'espagnol et d'arabe aux enfants immigrants. Mais beaucoup de parents de langue anglaise y inscrivent aussi leurs enfants pour les initier à l'apprentissage des langues étrangères, en plus de celui du français.

Enfin, il faut signaler les efforts du ministère de l'Éducation du Québec en faveur de l'intégration des immigrants dans les écoles de langue française. Ils consistent en classes d'accueil pour les nouveaux arrivants (d'une durée approximative de dix mois), ainsi qu'en classes de francisation pour les élèves admissibles à l'enseignement en anglais.

D) L'ENSEIGNEMENT PAR IMMERSION AUX ÉTATS-UNIS, EN EUROPE ET DANS D'AUTRES PARTIES DU MONDE

1. L'IMMERSION AUX ÉTATS-UNIS

Peu après la mise en place au Québec et dans le reste du Canada des programmes d'immersion en français, on voit apparaître aux États-Unis des programmes américains d'immersion qui répondent à des besoins différents des besoins canadiens. Genesee (1987 : 116) soutient que les trois objectis visés aux États-Unis sont les suivants :

1. enrichir, d'une manière générale, les programmes d'enseignement, en particulier sur les plans langagier et culturel;

2. établir un équilibre entre des groupes ethnolinguistiques différents en ouvrant des écoles dites *magnet* qui attirent les enfants d'origines diverses;

3. offrir un enseignement bilingue dans des communautés où vivent d'importantes populations qui ne parlent pas l'anglais.

Sur ce dernier point, Delgado (1992) soutient également que «devant la deuxième vague en importance d'immigrants [aux États-Unis], les éducateurs et les sociologues voient dans l'éducation bilingue une des questions les plus importantes de notre époque. Ces programmes ont pour but de préparer une génération de professionnels capables de relever les défis d'un monde multilingue» (traduction libre). Genesee voit ainsi l'enseignement immersif américain comme un aspect de l'éducation bilingue telle qu'elle a été autorisée par la loi sur l'enseignement bilingue[3] de 1968. Cette législation américaine a permis, en effet, la création et la mise en œuvre de programmes bilingues, surtout pour les enfants ayant une connaissance limitée de l'anglais, du préscolaire au secondaire (Tucker et Gray 1980). C'est l'équivalent américain des programmes d'enseignement des langues d'origine, dites désormais langues patrimoniales au Québec. Ces programmes bilingues américains, bâtis sur le principe de l'égalisation des chances, préparent donc les élèves de langue minoritaire à une intégration dans les écoles de la majorité linguistique anglo-américaine. En quelque sorte, l'éducation bilingue aux États-Unis, selon la définition de la loi de 1968, accorde plus d'importance à l'anglais, langue dominante, qu'à la langue seconde, langue minoritaire (Ouellet 1990 : 43). Or les objectifs à court terme des programmes d'immersion américains visent davantage à l'apprentissage d'une langue seconde ou étrangère qu'à une intégration dans les écoles de la majorité linguistique. Ainsi, se démarquant de la position de Genesee sur les objectifs de l'enseignement immersif américain, le Center for Applied Linguistics (1989 : 15) précise que la majorité de ces programmes sont, aux États-Unis, ouverts aux élèves dont la langue maternelle est l'anglais et qui veulent apprendre une langue seconde ou étrangère. C'est dans cette même ligne de pensée que le district scolaire du Montgomery County (Maryland) définit ainsi les objectifs des programmes d'immersion :

1. assurer une maîtrise de l'anglais de la même qualité que celle des enfants qui ne suivent pas de programmes d'immersion;

2. favoriser une acquisition des matières scolaires semblable à celle des enfants ne fréquentant pas de classes d'immersion;

3. développer l'acquisition d'une langue étrangère;

CHAPITRE 1

---

[3] *Bilingual Education Act, Title VII*, amendant la loi dite *Elementary and Secondary Education Act* de 1965.

4. et, enfin, favoriser la compréhension et l'acquisition de
   connaissances sur le plan culturel (Montgomery County
   Public Schools 1989 : 16).

L'éducation bilingue, aux États-Unis, a donc un double
visage : l'un pour les minorités qui ne connaissent pas ou connaissent mal l'anglais et un autre pour les jeunes Américains qui,
dans des classes d'immersion en particulier, veulent apprendre
une langue étrangère et ouvrir leurs horizons sur le plan culturel.

La plupart des programmes américains d'immersion offrent
des cours dispensés soit totalement (immersion totale), soit
partiellement (immersion partielle) dans la langue seconde.
Quelques-uns, cependant, sont doubles (*two-way immersion* ou
bilingual immersion) dans la mesure où ils regroupent, dans une
même classe, pour y étudier dans deux langues, l'anglais et
l'espagnol, à la fois des locuteurs anglophones et des hispano-
phones.

Outre le français et l'espagnol, les langues enseignées dans
des programmes américains d'immersion sont les suivantes (par
ordre alphabétique) : l'allemand, l'arabe, le cantonnais, la langue
polynésienne de Hawaï, le hollandais, le japonais, le khmer, le
mandarin et le russe (Center for Applied Linguistics 1989 et
Delgado 1992). En 1989, un recensement des programmes
d'immersion totale et partielle effectué par le Center for Applied
Linguistics[4] à Washington, D.C. dénombrait 34 établissements
américains où l'espagnol était la langue d'enseignement dans
une situation immersive. En revanche, on ne comptait qu'une
quinzaine de programmes américains d'immersion française
(Center for Applied Linguistics, 1989). Cette année-là, des programmes d'immersion en français étaient offerts, aux États-
Unis, à Washington, D.C. ainsi que dans dix États de l'Union : en
Californie (San Diego), au Maryland (Silver Spring et Landover),

---

[4] G. Richard Tucker, qui avait travaillé avec Wallace Lambert à Montréal pour
     la mise sur pied du programme expérimental de Saint-Lambert, en assurait
     la direction.

au Massachusetts (Holliston et Milton), au Michigan (Detroit et Southfield), au Missouri (Kansas City), en Caroline du Nord (Gatesville), en Ohio (Cincinnati et Colombus), dans l'Oregon (Eugene), en Virginie (Annandale) et dans le Wisconsin (Milwaukee).

À titre d'exemple, Genesee (1987 : 116-117) parle de deux programmes d'immersion, l'un en espagnol, l'autre en français, répondant à l'objectif d'enrichissement éducatif et culturel mentionné ci-dessus. Il signale ainsi que le premier programme d'immersion précoce et totale en espagnol a été mis en place en Californie, en 1971, à Culver City. L'enseignement en espagnol y était offert à 100 % dans les classes de maternelle et de 1re année du primaire. L'enseignement de l'anglais y débutait en 2e année et augmentait progressivement jusqu'à l'établissement d'un équilibre entre l'enseignement dispensé dans ces deux langues. En 1989, ce programme d'immersion en espagnol était du type immersion totale, offert dans une école dite *magnet*, El Rincon Elementary School, accueillant 160 élèves encadrés par 5 enseignants (Center for Applied Linguistics 1989). Quant à l'enseignement immersif du français offert à l'école primaire Four Corners, à Silver Spring, au Maryland, dans la banlieue nord-est de Washington, D.C., il répondait aussi, depuis 1974, au même objectif d'enrichissement éducatif et culturel. Ce programme d'immersion totale et précoce offrait tout l'enseignement en français de la maternelle à la 2e année et dispensait ensuite un enseignement progressif en anglais jusqu'en 6e année. Offert désormais à l'école Oak View, un programme d'immersion française totale, articulé avec le programme d'une école secondaire du même district scolaire (Montgomery County), connaît toujours aujourd'hui un grand succès auprès des parents. En revanche, l'immersion en espagnol, aux États-Unis, attire moins les parents de langue maternelle anglaise et d'un niveau socioéconomique moyen ou supérieur. L'apprentissage du français semble, en effet, enrichir davantage leur prestige social et culturel que l'apprentissage de l'espagnol.

CHAPITRE 1

2.   L'IMMERSION EN EUROPE

2.1. L'immersion en Catalogne

À la suite de l'autonomie accordée à la Catalogne, en 1979, par la nouvelle constitution espagnole de 1978 ainsi que du processus de restauration du statut social du catalan comme langue officielle à côté de l'espagnol, les premières expériences d'immersion en catalan ont débuté dans les années 1978 - 1979 (Artigal 1991a : 22). Mais c'est durant l'année scolaire 1983-1984 qu'un programme d'immersion en catalan a été légalement offert à des enfants dont la langue maternelle était l'espagnol. Cinq ans après, on assistait à une croissance remarquable du programme, du même ordre que la croissance canadienne, puisqu'on dénombrait 65 000 inscriptions (Artigal 1991b : 69), soit 6,5 % du million d'enfants obligatoirement scolarisés en Catalogne. En 1991, près de 100 000 élèves sont inscrits dans ces programmes (Artigal 1991a : 22). Artigal signale aussi que le programme catalan répond à divers critères qui en assurent le succès : l'inscription au programme n'est pas obligatoire, les attitudes et la motivation envers la langue de l'école sont positives, les élèves appartiennent au groupe linguistique dominant, c'est-à-dire de langue espagnole (1991a : 22 et 1991b : 7). Le programme d'immersion en catalan est du type de l'immersion précoce. Toutefois, la loi dite de normalisation linguistique (1983) obligeant «l'usage normal et correct et du catalan et de l'espagnol» par tous les enfants de Catalogne à la fin du cycle d'instruction obligatoire semblait rendre encore difficile, en 1988, l'enseignement total en catalan dès la maternelle. Artigal (1991b : 81) mentionne donc que le pourcentage maximum du temps d'enseignement en catalan autorisé légalement dans les programmes d'immersion est le suivant : 84 % en maternelle et au cycle initial (de 4 à 7 ans) et 72 % aux cycles moyen (à partir de 8 ans) et supérieur. Il signale, cependant, que la même loi autorise les parents catalans à choisir la langue d'enseignement de leurs enfants jusqu'à l'âge de 7 ans.

En conclusion, la Catalogne offre un bel exemple de valorisation et de promotion d'une langue officielle par le truchement de programmes d'immersion en catalan. L'importance de ces programmes immersifs place la Catalogne au deuxième rang, immédiatement après le Canada, sur le plan de l'éducation bilingue.

2.2 L'immersion en Irlande (Eire)

La fondation de la République d'Irlande, à la suite du traité de Londres de 1921, a marqué la fin de la colonisation britannique et mis un terme au déclin de l'irlandais dans ce qu'on appelle de nos jours l'Irlande du Sud. Afin de revitaliser cette langue, qui était celle des habitants de l'île d'Irlande avant la souveraineté des Anglo-Normands sur l'île en 1175, on décida, à partir de 1922, d'en faire avec l'anglais la langue officielle et d'offrir partiellement ou totalement l'enseignement en irlandais surtout au primaire. De 1900 à 1921, le nombre d'écoles où l'irlandais était enseigné était passé de 100 à 2000. En 1922, cet enseignement touchait le quart des écoles de la République d'Irlande et 250 écoles avait l'irlandais comme seule langue d'enseignement (Baker 1988 : 49). Entre 1922 et 1960, on accorda également des subventions aux écoles et des prix aux étudiants qui étudiaient les matières scolaires en irlandais. Le point culminant fut atteint dans les années quarante quand l'irlandais était enseigné dans toutes les écoles et constituait la langue d'enseignement dans 12 % des écoles primaires et 28 % des écoles secondaires (Baker 1988 : 49). La maîtrise de l'irlandais devint alors obligatoire pour entrer à l'université, trouver un emploi dans les banques ou dans la fonction publique (Coolahan 1981).

Cette croissance s'accompagna en même temps d'une contre-réaction. En 1941, l'organisation nationale regroupant les enseignants irlandais s'opposa à l'imposition de l'irlandais comme langue officielle. Des parents se joignirent aux enseignants pour demander que l'enseignement de l'irlandais ne fût pas imposé

CHAPITRE 1

avant la maîtrise de l'anglais. Les arguments employés étaient : l'égalité des chances pour tous ainsi que l'importance des sciences, des grandes langues européennes et des programmes d'études. Peu à peu, le nombre des écoles primaires ayant l'irlandais comme langue d'enseignement se mit à diminuer. On en comptait 420 en 1960; il n'en restait plus que 160 en 1979, situées presque toutes dans les régions d'expression irlandaise (Gaeltacht). On s'accorde pour dire aujourd'hui que les mesures prises dans le système scolaire pour assurer la revitalisation de l'irlandais n'ont pas donné les résultats espérés. L'irlandais semble donc de nos jours en perte de vitesse (Murtagh 1990; 257-276). Cummins (1978 : 275), par exemple, rapporte l'insatisfaction des parents vis-à-vis des méthodes d'enseignement de l'irlandais. Un très grand pourcentage de la population serait d'avis que l'irlandais, langue d'enseignement, est la cause primordiale des échecs aux examens. La majorité (60 %) des parents penseraient également que les résultats obtenus par des enfants ayant étudié des matières scolaires en irlandais sont moins bons que ceux d'enfants ayant étudié en anglais. Bien que l'irlandais soit une des deux langues officielles et que 800 000 Irlandais s'en déclarent locuteurs selon le recensement de 1981 (Baker 1988 : 57 et 59), seuls 200 000 Irlandais environ sur 3 500 000 le parlent couramment (Ouellet 1990 : 51). C'est donc une langue minoritaire et encore peu valorisée. Baker (1988 : 50) tire de cette évolution deux conclusions : la première, c'est que l'enseignement scolaire des langues minoritaires ressemble à la marée avec ses hautes et ses basses eaux; la seconde, c'est que le caractère obligatoire de l'enseignement de l'irlandais a eu peu d'effets sur son apprentissage.

Ce contexte est important pour comprendre les résultats contradictoires des recherches menées en Irlande (Eire) sur les effets de l'enseignement en irlandais. Tout d'abord, il y a lieu de mentionner l'étude de Macnamara (1966) sur de jeunes Irlandais de langue maternelle anglaise ayant suivi un programme d'immersion en irlandais de la maternelle à la 6e année. Après avoir observé ces élèves, analysé leurs résultats à des tests normalisés (tests de fonctionnement intellectuel non verbal, irlandais, anglais, arithmétique) et comparé ces résultats avec ceux obtenus par un groupe-contrôle, Macnamara conclut que l'enseignement en irlandais n'affecte pas négativement la compréhension de l'anglais écrit, mais conduit à un retard dans l'apprentissage de l'arithmétique (résolution de problèmes). Il explique ce retard par la faiblesse des élèves en irlandais, langue seconde et langue d'enseignement. Bien que la méthodologie de Macnamara ainsi que ses résultats aient été contestés, son évaluation négative de l'enseignement en irlandais a alimenté les tenants des effets négatifs de l'éducation bilingue (Baker 1988 : 51).

Baker (1988 : 53) rapporte aussi les recherches de Cummins (1977) sur les capacités de lecture en irlandais et en anglais d'enfants fréquentant des écoles d'immersion en irlandais et des écoles de langue anglaise. Les résultats obtenus en lecture par ces élèves ne montrent aucune différence entre les deux types de programmes. Ainsi l'immersion en irlandais ne paraît avoir aucun effet négatif sur le rendement dans la langue majoritaire (anglais).

Enfin, les mesures du degré de compétence en irlandais conduites par Harris (1984) sur un grand nombre d'élèves fréquentant des écoles anglaises et des écoles d'immersion en irlandais montrent également que des enfants issus de milieux unilingues anglais peuvent tirer profit de l'expérience immersive. Ces résultats plus positifs coïncident avec une évolution récente de l'opinion publique irlandaise en faveur d'un renforcement de l'éducation en irlandais. Ainsi l'accroissement du nombre des garderies irlandaises (*naionraí*) passant, entre 1975 et 1985, de 28 à 150, en serait un signe. Mais il faut préciser combien ce récent revirement de l'opinion irlandaise en faveur de l'éducation bilingue semble lent et prudent. Il est peut-être lié, en partie du moins, à l'annulation (1973) du caractère obligatoire de l'irlandais dans les examens (Baker 1988 : 56).

CHAPITRE 1

2.3. L'immersion au Pays de Galles

Comme au Québec, ce sont les parents qui ont fini par mettre sur pied des programmes d'immersion en gallois au primaire (Ouellet 1990 : 51). Ces programmes débutent en 1951 (Thomas 1991 : 45), bien que les premiers essais d'enseignement en gallois remontent à 1939 (Jones 1990 : 204). En 1983, Hamers et Blanc (cité par Braun 1992 : 12) mentionnent l'existence d'une soixantaine d'écoles primaires d'immersion en gallois. En 1990, on dénombre 23 000 enfants dans des programmes d'immersion. Selon Jones (1990 : 204), les types de l'immersion en gallois ont évolué avec le temps et ne résultent pas d'une planification délibérée. À l'origine, l'immersion est née dans des écoles où le gallois était la langue d'enseignement mais dont la fréquentation représentait de plus en plus d'anglophones. Aujourd'hui les anglophones, en effet, dépassent en nombre les locuteurs du gallois dans le sud du Pays de Galles. D'ordinaire, l'immersion en gallois est totale à l'école maternelle. L'anglais est introduit dans le programme d'immersion dès la 1re année et de manière progressive pour finir par concurrencer le gallois au secondaire. Outre ces écoles d'immersion, on note l'existence d'écoles primaires où le gallois, langue seconde, est enseigné à raison de 30 minutes par jour, des écoles bilingues où la proportion de temps d'enseignement accordée au gallois et à l'anglais varie d'un endroit à l'autre, et le programme bilingue du School Council où la proportion du temps d'enseignement est égale entre les deux langues. Grâce aux programmes d'immersion où le gallois est la langue d'enseignement, la région du sud-est du Pays de Galles a acquis, de nos jours, la réputation d'être un lieu de renaissance de cette langue celtique. À cet égard, Thomas (1991 : 45-46) signale la croissance continue du nombre d'écoles d'immersion. En 1991, 20 % des enfants de la région au nord de Cardiff fréquentent des écoles d'immersion et le nombre des enfants qui y parlent gallois est en augmentation.

2.4. L'immersion en Écosse

Des trois langues celtiques encore pratiquées dans le Royaume-Uni et en Irlande (l'irlandais, le gallois et le gaélique), le gaélique est celui qui présente les signes de vitalité les plus faibles. En effet, seuls 79 307 Écossais, soit 1,6 % de la population, s'en déclaraient locuteurs dans le recensement de 1981 (Baker 1988 : 57). Les locuteurs de gaélique se retrouvent dans les îles de l'ouest de l'Écosse (Western Isles), et celles de Skye et de Lochalsh. Depuis 1975, un projet d'éducation bilingue permet d'utiliser le gaélique comme langue d'enseignement pour toutes les écoles primaires des Western Isles. Le projet a débuté avec 20 écoles. Depuis 1975, leur nombre s'est grandement accru. En outre, les élèves peuvent choisir le gaélique comme langue dans toutes les écoles secondaires de la région occidentale de l'Écosse, et même, sous certaines conditions, à Argyll, dans la région centrale, à Glasgow et à Édimbourg (Baker 1988 : 58). Des groupes de pression s'organisent pour le maintien du gaélique et en faveur de l'éducation bilingue. Enfin, une enquête auprès de parents de langue anglaise (1983) révèle une demande importante pour l'ouverture d'écoles primaires bilingues anglo-gaéliques à Glasgow et à Argyll (Baker 1988 : 59).

2.5. L'éducation bilingue en Grande-Bretagne

La situation de l'éducation bilingue en Grande-Bretagne ressemble plus à celle des États-Unis qu'à celles de l'Irlande, du Pays de Galles ou de l'Écosse. En effet, ce type d'éducation est lié à l'arrivée, en Grande-Bretagne, de nombreux immigrants, surtout depuis la Deuxième Guerre mondiale, et donc à la présence de nombreuses langues minoritaires (l'arabe, le bengali, le cantonnais, l'espagnol, le gujerati, le grec, l'hindi, l'italien, le pendjabi, le polonais, le portugais, le turc, l'ukrainien et l'ourdou). En Grande-Bretagne, l'éducation bilingue est perçue comme une menace à la suprématie historique, économique et sociale de l'anglais. La réponse à cette présence paraît être celle

CHAPITRE 1

de l'assimilation par le truchement de cours intensifs d'anglais langue seconde. Cependant, depuis une vingtaine d'années, on assiste à un lent mouvement en direction de certaines formes d'éducation bilingue. Le rapport Bullock (1975), par exemple, recommande aux autorités scolaires une attitude positive envers le bilinguisme des élèves. En 1985, le rapport Swann rejette la politique de l'assimilation et opte pour une société pluraliste multiraciale où les minorités ethniques recevraient les moyens de préserver leur langue et leur culture. Cependant, le rapport Swann rejette l'éducation bilingue pour recommander l'intégration des langues minoritaires dans les programmes d'études (comme cela se fait pour les langues vivantes européennes, à savoir le français ou l'allemand). De nos jours, l'enseignement des langues minoritaires est surtout assuré par des initiatives privées et religieuses offrant des cours du soir, des classes du samedi et du dimanche. Mais il faut aussi signaler les efforts de la plupart des autorités scolaires locales (Local Educational Authorities) pour soutenir l'enseignement des langues minoritaires dans les grandes villes anglaises (Londres, Leicester, Peterborough, Nottinghamshire, Coventry, Birmingham, Manchester, par exemple) [Baker 1988 : 59-67].

2.6. L'immersion en Allemagne

En 1960 est créée à Berlin l'École internationale J.F. Kennedy pour des élèves allemands et des élèves américains. Un enseignement bilingue en anglais et en allemand y est dispensé. En 1970, on compte 1200 inscriptions parmi lesquelles on dénombre 50 % d'Allemands, 40 % d'Américains et 10 % d'élèves d'autres nationalités. Les élèves peuvent être regoupés soit selon leur langue maternelle, soit selon les matières scolaires. Parfois, un enseignement dans une certaine discipline rassemble les seuls élèves d'une même langue; mais, dans les cas les plus fréquents, des matières scolaires sont enseignées à des groupes bilingues ou bien en allemand ou bien en anglais (Edwards et Smyth 1978 : 531-532).

Dans les années 1969-1970, à la suite du Traité de coopération franco-allemand (1963) signé par Adenauer et de Gaulle, des sections bilingues sont mises en place dans certaines écoles secondaires allemandes (*gymnasien*). Les élèves y suivent le programme allemand, mais ils consacrent aussi des heures supplémentaires à l'apprentissage du français pendant les deux premières années du secondaire. Dès la troisième année, des matières scolaires (géographie, histoire, ou éducation civique) sont enseignées en français. Le but de ces programmes bilingues est de parvenir, par le truchement de l'apprentissage de «la langue du partenaire», à la connaissance et à la compréhension du peuple voisin dont on partage les racines européennes (Mäsch 1992). Les sections bilingues français-allemand sont perçues aujourd'hui comme des modèles pour la future Europe en construction parce qu'elles dépassent la notion de l'apprentissage de la langue seconde comme seul moyen de communication (Mäsch 1992).

Depuis 1970, la formule a été étendue à d'autres langues européennes comme l'anglais, l'espagnol, l'italien, le néerlandais et le russe. De nos jours, cet enseignement bilingue est obligatoire au premier cycle du secondaire. En revanche, au deuxième cycle, il est optionnel. Les matières enseignées dans la langue seconde à ce niveau sont les suivantes : biologie, éducation physique, éducation artistique. C'est plutôt dans les grandes villes allemandes qu'on trouve ce type d'enseignement bilingue. On compte aujourd'hui une cinquantaine de *gymnasien* avec des sections franco-allemandes (Mäsch 1992) sur les 3000 gymnases de l'ancienne République fédérale, mais les sections anglo-allemandes tendent désormais à être plus nombreuses. Cette tendance à donner à l'anglais la place dominante dans l'enseignement bilingue allemand chagrine certains enseignants qui voient dans la langue de Shakespeare un frein au plurilinguisme souhaité par la construction de l'unité européenne (Dilk 1992 : 3-5).

CHAPITRE 1

2.7. L'immersion en Finlande

C'est en 1987 que le premier programme d'immersion en suédois débute à Vaasa, en Finlande. En effet, la Finlande possède une importante minorité de langue suédoise le long des côtes de l'ouest et du sud de la péninsule finnoise (Finnäs 1986). Le programme d'immersion de Vaasa implique des groupes de 25 enfants âgés de six ans, de langue maternelle finnoise, qui reçoivent un enseignement entièrement en suédois en classe maternelle. Ces enfants sont soigneusement sélectionnés afin de veiller à ce qu'aucun n'ait de connaissances en suédois à l'entrée du programme d'immersion. Au cours des années du primaire, 75 % de l'enseignement est dispensé en suédois (langue seconde) et 25 % en finnois (langue première). Le programme est du type immersion précoce et totale. Il est supervisé par un groupe de linguistes, de psycholinguistes, d'enseignants et d'administrateurs qui espèrent suivre les enfants du programme jusqu'au secondaire (Vesterbacka 1991 : 35-36).

2.8. L'immersion dite «sauvage» en Belgique

Depuis la fin de la Deuxième Guerre mondiale, on assiste en Belgique à une revalorisation du flamand, langue de la majorité des Belges, au détriment du français (Willemyns 1992 : 7). Jusqu'à cette époque, c'étaient surtout les Flamands qui s'efforçaient de devenir bilingues en apprenant le français. Or, depuis 1945, à cause de la vigueur économique de la partie flamande de la Belgique, c'est désormais le tour des francophones de la Wallonie et de Bruxelles d'apprendre la langue de leurs compatriotes du Nord. Par exemple, dans la capitale du pays, Bruxelles, ville bilingue où se parlent le français et le flamand, et dans sa région, on constate (Braun 1991 : 13-14) que des parents francophones d'un niveau socioculturel moyen à élevé, se prévalant de la liberté du choix de l'école pour leurs enfants, les inscrivent à l'école primaire flamande. Cela représente un cas de submersion[5], selon la terminologie canadienne. Braun préfère parler «d'immersion sauvage». La part des francophones bruxellois dans l'enseignement primaire flamand serait de l'ordre de 15,7 % de la population scolaire flamande totale pour le primaire (Braun 1991 : 16). Comme on peut s'y attendre, ce type de submersion a des effets négatifs sur la maîtrise du français, langue maternelle des enfants.

2.9. L'immersion en Suisse

Les programmes d'immersion en Suisse, pays qui a quatre langues nationales (l'allemand, le français, l'italien et le romanche) dont trois sont officielles (l'allemand, le français et l'italien), sont encore au stade du balbutiement. On signale, par exemple, l'existence d'une école privée genevoise, l'école Moser, où l'immersion en allemand est pratiquée depuis la 3e année du primaire. Dans le Jura bernois, à la Tanne, les enfants memnonites, de langue maternelle allemande, fréquentent l'école officielle de langue française. Mais c'est plus de la submersion que de l'immersion, selon la terminologie canadienne. Tout récemment, à Fribourg, ville suisse où bien des familles sont bilingues (français et suisse-allemand), s'est constitué un groupe de travail de sept personnes comprenant deux linguistes, une avocate, deux institutrices, un directeur d'école secondaire et un représentant du Valais, en vue de la création d'une école bilingue fribourgeoise pour développer le bilinguisme franco-allemand chez les Romands francophones et chez les locuteurs germanophones. Trois modèles sont proposés. Le premier, par la suite écarté devant les réactions négatives engendrées, cherchait à intégrer dans une même classe les francophones et les germanophones soumis à un enseignement simultané et répétitif

---

[5] Calvé (1991 : 9) définit ainsi la *submersion* : «On utilise parfois le terme *submersion* pour désigner le cas où un étudiant de langue maternelle autre que le français est inscrit à une école française (pour francophones) plutôt qu'à une école d'immersion.» Il convient, pour le cas de Bruxelles, d'imaginer la cas d'un jeune francophone «submergé» dans une classe et une école où tout est enseigné et géré en flamand.

en allemand et en français. Le deuxième modèle, appelé semi-intégré parce que réunissant francophones et germanophones dans une même classe, dispenserait un enseignement bilingue dans une proportion de 25 % en français et de 75 % en allemand. Les francophones y apprendraient à lire et à écrire en français, les germanophones en allemand. Le troisième modèle, dit immersif parallèle, séparerait les deux groupes linguistiques : les élèves francophones, appartenant à la majorité linguistique fribourgeoise, recevraient un programme d'immersion totale en allemand dans les deux premières années du primaire, le français étant progressivement introduit en 3e année. Les germanophones, en situation minoritaires à Fribourg, recevraient un programme d'immersion partielle à raison de 60 % en allemand et de 40 % en français en 1re et 2e année du primaire, cette proportion s'inversant à compter de la 3e année (Groupe de travail de l'école bilingue de Fribourg 1992 : 25-27). Ces propositions en vue de l'ouverture de classes bilingues ou de classes d'immersion à Fribourg soulèvent des controverses. On soutient, par exemple, que le conseil communal de cette ville considère la création de classes bilingues comme un viol de l'article 7 de la loi scolaire qui stipule que «l'enseignement est donné en français dans les cercles scolaires où la langue officielle est le français et en allemand dans les cercles scolaires où la langue officielle est l'allemand» (Clerc 1992 : 19). Enfin, en 1991, dans le cadre du 700e anniversaire de la Confédération helvétique, un symposium a adopté une série de propositions afin de développer en Suisse l'enseignement des langues dès le primaire (Tschoumy 1992 : 17-20). L'une d'entre elles lance l'idée de mise en œuvre d'expériences d'apprentissage dans la langue vivante par immersion dite progressive, d'abord dans les disciplines d'expression (éducation physique, musique et art), ensuite dans les disciplines d'éveil (géographie, histoire), puis dans les disciplines instrumentales (mathématiques), enfin dans les disciplines fondamentales (philosophie, par exemple).

2.10. Autres exemples d'éducation bilingue ou immersive en Europe

Le Groupe de travail de l'école bilingue de Fribourg mentionne (1992 : 13-14) également plusieurs autres expériences
d'enseignement bilingue ou immersif en Europe : en Suède
(classe bilingue réunissant des enfants suédois et finnois), en
France (classes d'immersion en basque, classes maternelles
bilingues en allemand et en français, dans la région de Mulhouse,
en Alsace), en Allemagne (écoles enfantines turco-allemandes),
en Italie (classes bilingues franco-italiennes au Val d'Aoste). De
son côté, Ouellet (1990 : 52) rappelle que quelques classes
expérimentales d'enseignement en basque (*eskuara*) ont été
ouvertes dans le Pays basque espagnol. Il convient, enfin, de
rappeler que la Communauté européenne s'est dotée, en 1989,
d'un programme d'action connu sous le nom de *Lingua* qui vise
à promouvoir l'apprentissage et la connaissance des langues
européennes au rang desquelles figurent l'allemand, l'anglais, le
danois, l'espagnol, le français, le grec, l'irlandais, l'italien, le
luxembourgeois, le néerlandais et le portugais (*Journal officiel
des communautés européennes* 1989 : 24-32).

3. LES PROGRAMMES D'IMMERSION EN AUSTRALIE ET AU NIGERIA

Une expérimentation immersive en allemand au primaire a
débuté à Melbourne en Australie à partir de 1980, à la suite d'une
redéfinition de la politique australienne d'unilinguisme imposé
aux immigrants (Clyne 1991 : 55 et 58) et à une initiative de
l'Association des communautés de langue allemande. Le programme s'appuyait sur le principe que les enfants apprennent
une langue seconde quand celle-ci est enseignée par le truchement des matières inscrites au programme scolaire. Il différait de
l'immersion canadienne dans la mesure où l'enseignement des
sciences et des sciences sociales en allemand était limité à cinq
heures et demie par semaine et dans le fait qu'il était dispensé à
des élèves aussi bien de langue maternelle allemande que de
langue maternelle anglaise. L'évaluation du programme ayant

CHAPITRE 1

été positive, l'État de Victoria en a fait un modèle de développement des langues secondes ou étrangères (Clyne 1991 : 63). L'attitude favorable des instances politiques devrait ainsi doubler tous les trois ans, à compter de 1990, le nombre des programmes d'immersion au primaire. Outre l'allemand, on remarque que le français fait partie des langues enseignées au primaire dans l'État de Victoria (allemand, français, italien, grec, chinois, turc, japonais et macédonien). Dans l'État de Queensland, dans l'ouest de l'Australie, le français est enseigné dans un programme d'immersion au secondaire depuis 1985 (Benowa State High School). Berthold (1992 : 112-126) précise que les matières enseignées en français sont les sciences, les mathématiques, les sciences sociales et l'éducation physique. Les résultats de cet enseignement immersif sont, selon lui, très impressionnants. Par exemple, les capacités des élèves en français à la fin de leur 10e année sont si bonnes qu'ils sont capables de suivre, deux ans avant la fin de leurs études secondaires, des cours universitaires dispensés dans cette langue par des enseignants du département de français de l'Université de Queensland (Berthold 1992 : 119).

Enfin, Rebuffot (1991) rapporte la création toute récente (1991), dans le hameau nigérian[6] de Badagry, situé à l'ouest de Lagos, tout près de la frontière du Bénin[7], d'un village d'immersion en français, nommé *The Nigeria French Language Village*, accueillant des étudiants universitaires désireux de perfectionner leur français et de vivre dans cette langue pendant quelques mois. L'enseignement y est dispensé en français, le personnel de soutien y est francophone et les services (banque, cafétérias, clinique, librairie, résidences et services postaux) y sont offerts dans cette langue.

---

[6]   La Fédération du Nigeria a l'anglais pour langue officielle, mais elle accorde à trois autres langues (le hausa, l'ibo et le yoruba) le statut de langues nationales. En outre, près de 300 langues y sont parlées.

[7]   Le Bénin, appelé Dahomey du temps de la colonisation française, a le français comme langue officielle.

Ce premier chapitre nous a permis d'analyser les événements historiques et les aspects du climat social canadien dans lesquels les programmes d'immersion en français ont d'abord été expérimentés dans la région de Montréal pour ensuite se diffuser et s'implanter vigoureusement dans le reste du pays à la suite d'évaluations favorables. Ce succès, perçu par Stern (1978 : 851) comme la contribution la plus significative du Canada au domaine de l'enseignement des langues, a eu également une grande portée aux États-Unis où le modèle canadien a grandement marqué cette forme d'enseignement bilingue. Nous avons enfin présenté un tableau de divers exemples d'enseignement par immersion en Europe, en Australie et au Nigeria.

DEUXIÈME PARTIE

ESSAI DE SYNTHÈSE

LES CARACTÉRISTIQUES DE L'IMMERSION AU CANADA

Au chapitre précédent, il a été question des événements historiques et sociaux dans lesquels l'immersion a débuté au Québec, dans le reste du Canada, aux États-Unis et en Europe. On peut en retenir que l'immersion canadienne est une expérience communautaire d'éducation bilingue, plaçant de jeunes enfants du groupe linguistique canadien majoritaire dans une école primaire dont la langue d'enseignement est la langue seconde, langue du groupe minoritaire. Ce qui caractérise cette éducation bilingue, c'est l'apprentissage indirect de la langue seconde par de jeunes anglophones par le biais des matières scolaires enseignées dans cette langue. La première partie de ce chapitre présentera donc les définitions, les objectifs et les caractéristiques des programmes canadiens d'immersion en français. Ensuite, seront analysées les structures de l'immersion. La troisième partie du chapitre sera dans un premier temps consacrée aux fondements qui, en 1965, justifiaient les orientations pédagogiques retenues. Dans un deuxième temps, nous tenterons de cerner un certain nombre d'assises théoriques dégagées par les nombreuses pistes de recherche que les programmes d'immersion en français ont ouvertes.

A) DÉFINITIONS ET OBJECTIFS DE L'IMMERSION

1. DÉFINITIONS DE L'IMMERSION

Une première définition de l'immersion nous est donnée par Cummins et Swain (1986 : 8) : «L'immersion désigne une situation où des enfants d'un milieu linguistique et culturel *identique* qui n'ont eu aucun contact préalable avec la langue de l'école sont placés ensemble dans une classe où la langue seconde est la langue d'enseignement.» Il y a donc, pour *tous* les élèves d'une classe d'immersion, passage de la langue utilisée à la maison et dans leur communauté linguistique à une langue d'enseignement différente. L'expression «bain linguistique», utilisée par les parents de Saint-Lambert (1965) et d'où est tiré le terme d'immersion, venait, selon Stern (1978 : 837), des milieux américains de l'enseignement des langues.

L'*immersion* diffère de la *submersion* qui «désigne la situation [scolaire] de *certains* enfants, situation dans laquelle ils doivent effectuer un changement de code passant de la langue parlée à la maison à celle de l'école, tandis que d'autres enfants sont déjà capables de fonctionner dans la langue de l'école. Au sein de la même classe, on peut donc trouver des enfants qui n'ont aucune connaissance de la langue d'enseignement, d'autres qui possèdent, à des degrés divers, une certaine compétence dans cette langue par suite de contacts avec la communauté linguistique, enfin des locuteurs dont c'est la langue maternelle» (Cummins et Swain 1986 : 8 – traduction libre). Alors que la *submersion*, selon le *Petit Larousse* (1993), désigne le fait de «recouvrir complètement d'eau», l'*immersion* renvoie à l'action de «plonger entièrement un corps dans un liquide» . La différence sémantique de ces deux termes est mince. La submersion implique un bain linguistique complet dans la langue seconde, soit dans un milieu scolaire où tout fonctionne dans cette langue, soit dans une communauté linguistique de langue seconde, soit encore dans les deux. Ainsi Calvé (1991 : 9) précise que le terme de submersion désigne le cas où un élève non francophone est inscrit dans une école de langue française fréquentée par des francophones dans un environnement où on parle français. Certes, l'immersion désigne aussi un bain linguistique, mais ce bain est limité à «une classe dans laquelle les élèves suivent une partie ou la totalité de leurs cours dans la langue seconde» (Legendre 1988 : 95).

Quant à l'Association canadienne des professeurs d'immersion (1977), elle définit l'*immersion* comme «[...] située au carrefour de l'enseignement d'une langue maternelle et [de] celui de l'enseignement d'une langue seconde. C'est aussi une approche destinée aux élèves qui ne possèdent pas la langue seconde au moment de leur entrée au programme. Elle permet l'acquisition de cette langue seconde par l'entremise des matières enseignées dans celle-ci du début du programme jusqu'à la fin de la scolarité des élèves. Le programme vise le développement d'un bilinguisme qui permettrait, en plus de la maîtrise de la langue première, le développement des compétences langagières dans la langue seconde. Les élèves pourraient ainsi communiquer dans ces deux langues tant au plan personnel que professionnel» (Toupin 1986).

Parce que dix-neuf ans après l'expérimentation de Saint-Lambert le terme d'*immersion* semble très familier à de nombreux parents et éducateurs canadiens, Stern (1984 : 4) en donne une définition plus sociale que pédagogique : «L'immersion en français a pris naissance dans les systèmes scolaires anglo-canadiens. Elle découle d'un effort résolu pour vaincre les difficultés et les vieilles inhibitions qui y faisaient obstacle à l'acquisition du français. Les classes immersives s'adressent en conséquence aux enfants qui ont l'anglais ou une autre langue que le français pour langue maternelle, et qui sont disposés à faire en français une bonne partie de leurs études, avec l'accord de leurs parents. Il ne s'agit donc pas d'un cours de français proprement dit, mais d'un programme d'études où sont enseignées en cette langue diverses matières : mathématiques, histoire, arts et éducation physique, par exemple. L'objectif est d'assurer l'acquisition du français par le biais d'autres disciplines plutôt que par un cours de langue classique.»

L'immersion désigne donc à la fois une situation particulière d'apprentissage de la langue seconde, un régime pédagogique et un programme d'études innovateurs, enfin une nouvelle méthodologie tentant de rapprocher la pédagogie de la langue seconde de celle de la langue maternelle (Rebuffot 1988 : 23-26).

Pourtant, malgré la popularité de cette formule pédagogique au Canada, il ne semble pas y avoir d' unanimité sur la définition du terme à travers le pays. Bibeau (1982 : 169), par exemple, qualifie l'expérience pédagogique de l'immersion d'ingénieuse parce qu'elle donne les moyens aux anglophones du primaire d'apprendre le français «à un niveau relativement avancé» . Mais il met surtout l'accent (1982 : 28) sur son ambiguïté car elle «ne désigne pas la situation dans laquelle des enfants se retrouvent dans des communautés de langue seconde comme on pourrait s'y attendre, mais uniquement dans des situations où l'enseignement des matières scolaires se fait dans la langue seconde sans enseignement formel de la langue seconde comme telle et à l'intérieur de la communauté linguistique d'origine.» Il préfère donc employer le terme de *submersion* pour désigner une situation scolaire où des enfants du primaire ou bien du secondaire sont exposés à une langue d'enseignement qui n'est pas leur langue maternelle. Cette situation touche, au Canada et aux États-Unis, une partie des autochtones, des immigrants, des groupes ethniques minoritaires, «sans compter les enfants qui sont envoyés délibérément dans une école de langue étrangère». Selon Artigal (1991b : 2-3), le terme de *submersion* a, dans ce cas, une connotation péjorative. En effet, il désigne un contexte d'apprentissage ayant eu la réputation, jusque dans les années 60, d'être négatif pour le développement scolaire et psychologique des jeunes élèves puisqu'on prétendait que le recours à la langue maternelle était le meilleur moyen pour assurer l'éducation et l'épanouissement des enfants. Enfin, étant donné que les programmes d'immersion en français ne servent pas à communiquer avec des francophones et ne doivent pas modifier le sentiment d'appartenance des enfants à la communauté linguistique de langue anglaise, Bibeau les qualifie de «faux», de «ridicules» et de «menaçants» aux yeux des francophones. Le ridicule vient du fait que le français qui y est appris n'est pas le français naturel du milieu et n'est pas fait pour communiquer avec la communauté de langue française. La crainte que l'immersion rende bilingues les anglophones et leur permette ainsi d'occuper les emplois qui sont communément réservés aux francophones rend aussi cette approche pédagogique menaçante (1982 : 169). En 1988, dans une entrevue accordée à Monique Lebrun (1988 : 32), Bibeau résume sa définition de l'immersion d'une manière plus neutre que six ans auparavant: «Il s'agit d'un régime pédagogique dans lequel on enseigne les matières scolaires dans la langue seconde. Ce régime est pédagogique et linguistique mais non social. Les petits anglophones du Québec, par exemple, restent entre eux et ne fréquentent pas la communauté francophone».

Quant à Lyster (1987 : 704), il soutient également que les programmes d'immersion ne méritent pas leur nom, car les élèves ne sont pas *immergés* complètement dans un milieu de langue et de culture françaises. Tout au plus sont-ils *intégrés* dans un contexte anglophone et exposés à une langue seconde dans un environnement scolaire : «L'immersion et l'intégration sont deux termes contradictoires : on ne peut pas être immergé dans un certain milieu linguistique et être intégré dans un autre en même temps» (traduction libre).

Il y a lieu de rappeler, enfin, que le terme d'*immersion* a pu ou peut encore désigner, explicitement ou implicitement, d'autres contextes d'enseignement de la langue seconde :

1. des programmes immersifs en français autant pour anglophones majoritaires que pour francophones mino-

ritaires (Rebuffot 1988 : 25-26), dans des contextes où, comme à Edmonton (Alberta)[1]ou en Saskatchewan, il n'y a pas ou il n'y avait pas d'école française;

2. des cours intensifs de français langue seconde (en particulier pour adultes ou pour enseignants de français langue seconde et d'immersion), renforcés par un bain linguistique dans des contextes d'apprentissage non scolaires (Université Laval à Québec, Université du Québec à Chicoutimi[2], ou Collège de Jonquière, Jonquière, Québec);

3. des tentatives pédagogiques de refrancisation comme à Terre-Neuve (Ouellet 1990 : 22);

4. des écoles fonctionnant entièrement en français, pour enfants anglophones et enfants d'immigrants, dans une commission scolaire de langue anglaise, comme de nos jours au Québec.

2. LES OBJECTIFS DES PROGRAMMES D'IMMERSION EN FRANÇAIS

Selon Genesee (1987 : 4), les programmes d'immersion au Québec visent à rapprocher les communautés de langue anglaise et de langue française, séparées socialement et linguistiquement. Il ajoute cependant à deux reprises (p. 4-5 et p. 153) qu'ils cherchent aussi, dans le reste du Canada, à «maintenir» les avantages et la domination socio-économiques de la communauté anglaise en rendant les enfants anglo-canadiens bilingues

---

[1]   En 1983, en conséquence des droits conférés par l'article 23 de la *Charte canadienne des droits et libertés*, la pemière école française en milieu minoritaire, l'école Georges-et-Julia-Bugnet, a ouvert ses portes à Edmonton, Alberta (Rebuffot 1988: 26 et Martel 1991 : 100).

[2]   La publicité (1992) de l'École de langue française et de culture québécoise de l'Université du Québec à Chicoutimi parle d'une immersion totale pour désigner les bienfaits d'un bain linguistique au sein d'une population entièrement francophone. Ces programmes d'immersion en français peuvent s'offrir pendant une année universitaire, ou bien pendant des sessions de printemps et d'été.

et en leur garantissant ainsi des emplois. Ce dernier point semble justifier le jugement de Bibeau (1982 : 169) sur la nature de l'immersion.

Genesee identifie (1987 : 12-13) quatre objectifs pour la plupart des programmes canadiens d'immersion en français :

«1. rendre les élèves inscrits au programme fonctionnellement compétents en français oral et en français écrit;

2. favoriser et maintenir, chez eux, un développement normal de l'anglais, leur langue première;

3. leur permettre, aussi, l'acquisition de connaissances adaptées à leur âge et à leur niveau scolaire dans différentes matières;

4. développer chez eux une attitude de compréhension et de respect à l'égard des Canadiens français, de leur langue et de leur culture, tout en préservant leur propre identité culturelle» (traduction libre).

Ouellet (1990 : 24-25) reprend les mêmes objectifs que Genesee en y apportant des précisions supplémentaires. Par exemple, elle mentionne que l'enseignement par immersion vise à «assurer l'apprentissage des deux langues dans les quatre habiletés», ce qui, selon elle, assurerait «un bilinguisme additif». Son objectif premier étant de faire apprendre le français sans menacer ni l'identité culturelle ni la langue première, l'enseignement par immersion vise, écrit-elle, à faire acquérir «une maîtrise fonctionnelle» du français. Son principe innovateur étant l'apprentissage de la langue seconde par le biais des matières scolaires, ce type d'enseignement cherche à développer les dimensions cognitives, affectives et psychomotrices des élèves.

3. LES CARACTÉRISTIQUES DES PROGRAMMES D'IMMERSION EN FRANÇAIS

Il convient de mentionner d'abord les trois principes fondamentaux de l'immersion tels que présentés par Hamers et Blanc

(1983) et rapportés par Ouellet (1990 : 29). En premier lieu, une langue seconde s'apprend de la même façon qu'on apprend sa langue première. Deuxièmement, l'apprentissage d'une langue se fait mieux si celui-ci a lieu dans un contexte stimulant où l'élève prend contact naturellement et empiriquement avec cette langue. Enfin, les locuteurs natifs ne sont pas, en principe, acceptés dans une classe d'immersion.

Le *Guide d'immersion précoce* publié par le ministère de l'Éducation de la Nouvelle-Écosse (1992 : 19-28), énonce, en ce qui concerne l'immersion de la maternelle à la 6e année, six principes généraux qu'il semble bon de citer ici :

1. Le principe fondamental est celui qui permet aux élèves d'apprendre la langue seconde de façon naturelle en l'utilisant comme moyen de communication en classe et comme véhicule d'apprentissage des autres matières.

2. Le deuxième principe de l'immersion permet à l'enfant de développer, par la langue seconde, sa pensée, son raisonnement logique et sa connaissance du monde.

3. Le troisième vise à faire acquérir aux élèves une compétence leur permettant de communiquer en français sur les plans personnel et professionnel.

4. Le quatrième principe invite à fonder l'enseignement sur la prise de conscience des rôles joués par l'interlangue des enfants, par leur compréhension des messages, par leurs productions, enfin par la négociation du sens.

5. Le cinquième préconise l'emploi d'une approche communicative en langue seconde «dont les principes rejoignent essentiellement ceux qui sous-tendent le nouvel enseignement en langue maternelle. Les plans de leçon [...] représentent des exemples d'application d'une approche communicative/holistique» (1992 : 25).

6. Enfin, le dernier principe recommande aux enseignants en immersion de ne pas perdre de vue le fait qu'il s'agit de

l'apprentissage d'une langue seconde. Leur rôle est donc d'être des modèles langagiers, une source de savoir et, avant tout, des guides anticipant les difficultés des enfants et les aidant en cas de besoin.

Les caractéristiques de l'enseignement par immersion peuvent être regroupées de diverses manières. Il y a les caractéristiques qui sont générales, celles qui sont socioculturelles, enfin celles qui concernent la méthodologie.

Pour ce qui est des caractéristiques générales, Ouellet (1990 : 24-25) en présente certaines que nous avons regroupées et complétées en dix-huit points, en nous appuyant sur Genesee (1987 : 14-18), sur nos observations et notre expérience dans le milieu :

1. L'enseignement en immersion est offert, généralement, aux enfants du groupe linguistique et culturel qui est majoritaire (l'anglais au Canada).

2. L'enseignement en immersion fait appel aux capacités naturelles des enfants pour apprendre une langue seconde.

3. L'enseignement en immersion requiert des enseignants et des enseignantes considérés comme unilingues dans la langue seconde auprès des élèves.

4. L'enseignement des matières se fait totalement ou en grande partie dans la langue seconde; l'enseignement en immersion établit ainsi des «zones» pédagogiques où seule la langue seconde est employée.

5. Le choix des matières scolaires enseignées dans la langue seconde n'est pas l'objet d'une politique officielle, mais il obéit au critère de continuité.

6. L'enseignement en immersion privilégie l'apprentissage du contenu des matières scolaires et accorde la priorité au message avant la forme.

CHAPITRE 2

7. L'enseignement en immersion cherche à créer chez les enfants le besoin de communiquer en garantissant la mise en place de situations scolaires de communication qui sont pertinentes, intéressantes et efficaces pour l'apprentissage de la langue.

8. L'enseignement des matières scolaires offre des contextes d'emploi de la langue seconde qui peuvent passer pour naturels.

9. L'enseignement de la langue seconde est intensif dans la mesure où il doit s'intégrer dans l'enseignement des matières.

10. L'enseignement en immersion développe, au départ, des capacités de réception et de production orales au moyen d'activités d'apprentissage interactives dans lesquelles les discours didactiques, organisationnels et rituels ont beaucoup d'importance.

11. L'enseignement en immersion est, au début de l'apprentissage de la langue seconde, dominé par l'enseignant; ensuite, il évolue vers un enseignement centré sur l'apprenant à mesure que se développe la langue seconde.

12. L'enseignement en immersion est centré à la fois sur le contenu des messages, sur la langue seconde et sur les activités d'apprentissage.

13. L'enseignement en immersion privilégie la correction sélective des erreurs; ce sont les erreurs de contenu et de message qui sont corrigées plutôt que les erreurs de forme.

14. Un programme d'immersion offre un soutien officiel à la langue maternelle des élèves (l'anglais au Canada) dont l'enseignement est progressivement introduit dans le programme d'études.

15. Officiellement, la participation aux programmes d'immersion est volontaire.

16. L'organisation des programmes d'immersion est ouverte à la participation des parents.

17. Les programmes d'immersion accueillent surtout des enfants des classes moyennes et des classes supérieures.

18. Les programmes d'immersion sont facultatifs.

Sur le plan socioculturel, Genesee (1987 : 18-19) présente ainsi les caractéristiques principales de l'enseignement en immersion :

«1. Les enfants qui participent au programme d'immersion parlent la langue du groupe majoritaire.

2. Le personnel enseignant, le personnel administratif et le personnel de soutien travaillant dans les programmes d'immersion accordent de la valeur, directement ou indirectement, à la langue maternelle et à la culture des enfants.

3. La même attitude se rencontre chez les enfants participant aux programmes d'immersion.

4. Les enfants et le personnel scolaire voient dans l'acquisition de la langue seconde un moyen pour enrichir les capacités des enfants.

5. Les parents des enfants désirent le maintien de leur langue maternelle et de leur culture tout en accordant de la valeur à l'acquisition de la langue seconde par leurs enfants» (traduction libre).

Pour Krashen (1984 : 65), l'efficacité de l'immersion en ce qui concerne l'apprentissage vient essentiellement de la façon d'enseigner la langue qui met l'accent sur le développement de la compréhension des messages. À cet égard, Genesee (1987 : 18-19) présente les caractéristiques pédagogiques de l'enseignement par immersion de la manière suivante :

«1. On autorise les élèves à utiliser l'anglais dans l'école et dans la classe, du moins au tout début du programme d'immersion.

CHAPITRE **2**

2. On encourage vivement les élèves qui essaient de communiquer dans la langue seconde. Les enseignants et les enseignantes ne corrigent pas trop souvent les erreurs de grammaire et de structure des élèves quand ils utilisent la langue seconde.

3. En plus des classes d'anglais et de français, on utilise chacune des deux langues pour l'enseignement des autres matières. On n'enseigne jamais une même matière en utilisant consécutivement les deux langues.

4. Les enseignants et les enseignantes dans les programmes d'immersion jouent le rôle de modèles unilingues (c'est-à-dire que les enseignants qui enseignent en français n'utilisent que le français). Cette approche est importante pour renforcer la langue socioculturellement la plus faible» (traduction libre).

Ouellet (1990 : 25), de son côté, précise que l'immersion favorise ce qu'elle nomme l'acquisition naturelle de la langue alors que les programmes traditionnels en font un enseignement systématique. Elle rappelle, en effet, que la méthodologie de l'enseignement immersif ne met pas l'accent sur l'étude des formes grammaticales mais cherche plutôt à développer une compétence communicative, c'est-à-dire la capacité d'exprimer le contenu d'un message dans la langue seconde et celle d'utiliser cette langue dans des situations sociales. En ce qui concerne, donc, les caractéristiques méthodologiques, Ouellet en présente dix :

«1. le professeur communique toujours en français avec les apprenants;

2. le professeur doit simplifier son discours; il peut utiliser les gestes, les mimiques, les intonations pour faire passer le message, plutôt que de le traduire en anglais;

3. le professeur doit utiliser un langage simple;

4. le professeur doit répéter souvent le même vocabulaire, les mêmes structures de phrases dans des contextes différents : l'élève apprend à travers des expériences concrètes et répétitives;

5. il faut fournir un environnement structuré à l'élève;

6. le professeur se sert de matériel concret et de supports visuels appropriés, fournis par la commission scolaire;

7. le professeur doit être un animateur à l'écoute;

8. le facteur *motivation* contribue à un meilleur apprentissage de la langue seconde;

9. le professeur doit insister sur la phonétique de la langue française;

10. la technique «Silent Way» (ou l'approche Gattegno)[3] est une méthodologie qui a été expérimentée dans différentes classes d'immersion, mais l'efficacité de cette dernière n'a pas été prouvée.»

En outre, Genesee (1987 : 73-75) insiste sur l'importance, dans la méthodologie de l'immersion, des activités d'apprentissage plaçant les élèves en petits groupes. Il cite, à cet égard, les travaux de Stevens (1983 : 259-272) qui, dans une classe d'immersion de 7e année de Montréal, a montré l'efficacité, sur le plan de l'apprentissage, de ce type d'activités impliquant essentiellement des échanges entre les élèves. Pour Genesee, il y a donc deux grands types de comportements pédagogiques possibles dans la classe d'immersion :

1. un enseignement centré sur l'enseignant et organisé autour d'activités d'apprentissage impliquant toute une classe;

---

[3] La méthode silencieuse de Gattegno a pour objectif de faire participer pleinement les apprenants à l'apprentissage de la langue. L'enseignant reste silencieux; il utilise des réglettes, des tableaux et des gestes pour présenter les éléments de la langue et se faire comprendre. Il favorise ainsi la concentration des apprenants et maintient leur attention (Germain 1990 : 224-232).

CHAPITRE 2

2. un enseignement centré sur l'élève et organisé autour d'activités d'apprentissage en petits groupes.

Le premier type met l'accent sur les messages et il est transactionnel dans la mesure où la langue est utilisée pour enseigner et faire preuve de ses connaissances dans les matières scolaires ou dans la langue seconde. Le deuxième type est interactif parce qu'il favorise des échanges spontanés et ouverts plus proches de ce qui se passe dans des contextes sociaux et non scolaires.

Stevens (1983 : 261), de son côté, dégage cinq caractéristiques d'une méthodologie centrée sur les activités de sous-groupes. Cette méthodologie peut parfaitement convenir à l'enseignement en immersion :

1. L'enseignant ne tente pas de structurer le contenu linguistique de son enseignement.

2. Dans le cadre d'un thème général proposé par l'enseignant, les élèves choisissent eux-mêmes le domaine dans lequel ils veulent travailler.

3. Les élèves font tout ce qu'il faut pour recueillir les informations nécessaires à la poursuite de leur unité de travail : recherches bibliographiques, enquêtes, visites, etc.

4. Les élèves présentent les résultats de leurs travaux dans la forme qu'ils ont choisie : un collage, un document écrit, des photographies ou des images, des photocopies d'articles de presse, etc.

5. Les élèves et l'enseignant servent de personnes-ressources.

Sur le plan de la méthodologie, une publication récente de Tardif (1991 : 39-51) illustre bien la réflexion contemporaine sur la pédagogie conduite dans les classes d'immersion en maternelle et en 1re année du primaire. Tardif relève, en effet, cinq traits distinctifs dans la pratique du discours enseignant en immersion:

1. le discours organisationnel (directives, discipline, animation, renforcement, commentaires) qui occupe près du quart du temps d'enseignement;

2. le discours didactique (écho, élaboration, information, répétition, exemples, questions, incitation, chant) qui prend presque tout le temps d'enseignement restant au début de l'année (73 %) et diminue progressivement (63 %) au fur et à mesure du développement langagier des élèves;

3. les stratégies d'interaction des élèves (négociation du sens) qui, très faibles au début de l'apprentissage, augmentent peu à peu au fil des mois;

4. l'utilisation des éléments paralinguistiques de la communication (comportements non verbaux) des enseignants qui est importante surtout au début de l'apprentissage pour assurer le développement de la compréhension;

5. enfin, le discours rituel (accueil, rituel du calendrier et rituel du temps, mélodies-clés, comptines) qui structure aussi l'apprentissage de la langue chez les enfants.

Il convient également de mentionner que la pédagogie de l'immersion est influencée, de nos jours, par divers courants ou tendances comme l'apprentissage coopératif (Trottier et Knox 1992 : 11-15; Stern 1992 : 321), l'approche holistique (*Whole Language Approach* ou langage intégré de Goodman 1989), les tentatives, au primaire surtout, d'intégration des matières et la nécessité d'ouvrir, parfois, des classes primaires à plusieurs niveaux (3e et 4e année, 4e et 5e année, par exemple).

Pour conclure sur le plan de la méthodologie de l'enseignement en immersion, il paraît enfin intéressant de revenir sur une distinction importante que Stern (1978, 1983 et 1990) a élaborée et précisée au fil des ans. En effet, à la fin des années 1970 (1978 : 844-845), il introduit une première distinction entre un ensei-

CHAPITRE 2

gnement *formel*, centré sur les structures linguistiques de la langue seconde, et un enseignement *fonctionnel*, centré sur l'emploi de la langue. À cette époque, ces deux types d'enseignement étaient, pour Stern, complémentaires dans une classe d'immersion. En effet, la pratique pédagogique y est fonctionnelle dans des situations d'apprentissage obligeant les élèves à employer la langue par le biais des matières scolaires, mais elle devient formelle quand l'accent est mis sur la langue. Quelques années plus tard (1983 : 261-262), cependant, reprenant la conception d'un programme scolaire à trois niveaux d'Allen (1983), Stern propose de distinguer plutôt entre les aspects *analytiques* de l'enseignement, centrés sur l'étude et la pratique de la langue, et les aspects dits *expérientiels* (*experiential*), qui impliquent l'emploi de la langue dans des contextes authentiques (Stern 1990 : 93 et 1992 : 301-326). De l'avis de Stern, cette distinction, devenue fondamentale dans la réflexion contemporaine sur l'enseignement des langues, se reflète dans les pratiques et les activités pédagogiques des classes d'immersion. En effet, un programme d'immersion ne doit son nom qu'à la prédominance, au sein d'une approche expérientielle, de l'emploi de la langue seconde comme moyen d'enseignement des matières scolaires (Stern 1990 : 94).

B) LES STRUCTURES DE L'IMMERSION EN FRANÇAIS

L'expérimentation de Saint-Lambert, en ce qui concerne l'immersion en français, impliquait deux classes maternelles, la première ayant débuté en septembre 1965, la seconde en septembre 1966. Les résultats des enfants inscrits en 1965 devaient être évalués jusqu'en 8e année (1973), ceux de la maternelle de 1966 jusqu'en 7e année (1973). La proportion de l'enseignement dispensé en français était de 100 % en maternelle et 1re année. Ces conditions étaient celles d'une *immersion précoce et totale*. On prévoyait, ensuite, l'introduction progressive de l'enseignement de l'anglais de la 2e à la 6e année. Cet enseignement en anglais devait d'abord se limiter à l'étude de la langue pour s'étendre, ensuite, aux matières scolaires telles que les mathématiques et les sciences. On passait ainsi d'une immersion totale à une immersion *partielle*. Le type initial d'organisation pédagogique, connue sous le nom d'*immersion précoce*, a été très vite adopté, avec de multiples variantes, par un grand nombre de commissions scolaires au Québec et dans le reste du Canada.

Une typologie des programmes canadiens d'immersion française peut s'établir selon quatre critères. Le premier est relatif à la *proportion du temps d'enseignement* dans la langue seconde (français) et dans la langue première (anglais). Le deuxième concerne *le moment où débute le programme*. Un troisième critère touche au *nombre de langues secondes enseignées simultanément* au cours d'une ou de plusieurs années scolaires. Enfin, le quatrième critère *définit le milieu scolaire où s'offre l'immersion*.

En ce qui concerne *la proportion de temps d'enseignement en français au cours d'une année scolaire*, celle-ci peut aller de 100 %, dans un programme d'immersion *totale*, à 50 % dans un programme d'immersion *partielle*. Genesee (1987 : 1) précise qu'un programme d'enseignement du français par immersion ne mérite son nom que si au moins 50 % de l'enseignement au cours d'une année scolaire est dispensé dans la langue seconde. Selon la définition de la Direction des langues officielles dans l'enseignement du Secrétariat d'État, on qualifie d'immersifs les programmes qui permettent l'enseignement du français pendant au moins 690 heures par année scolaire, ce total descendant à 450 heures pour la prématernelle et la maternelle (*Dialogue* 4/2 1986 : 3 et Calvé 1991 : 8). Au bout d'une année ou deux d'enseignement totalement en français, le temps d'enseignement en anglais augmente progressivement. Dans certains cas, au secondaire surtout, l'enseignement en anglais peut représenter jusqu'à 60 % du temps. Dans ce dernier cas, il semble alors difficile de continuer à parler d'immersion selon le critère des 50 % d'enseignement dispensé en français (Genesee 1987 : 1). C'est

CHAPITRE 2

pourtant la coutume de continuer à qualifier d'immersif ce genre d'enseignement afin de le distinguer, entre autres, des classes *enrichies* (Calvé[4]). Dans ces dernières, les élèves ont la possibilité de suivre un ou deux cours donnés dans la langue seconde, en plus de la classe de langue elle-même (Calvé 1991 : 9).

Il faut également rappeler qu'au Canada un programme d'immersion en français n'est qu'un des régimes pédagogiques d'enseignement du français langue seconde. Le régime le plus répandu est le programme dit *de base*, qui est dispensé, encore en 1992, à plus de 90 % des élèves canadiens apprenant le français à l'école à raison de 3 heures de cours par semaine, soit environ 100 heures par an. Dans beaucoup de provinces canadiennes, l'enseignement du français est obligatoire à compter de la 4e année du primaire, ce qui permet d'accumuler environ 1000 heures de français à la fin du secondaire. En revanche, les programmes d'immersion offrent de la maternelle à la fin du secondaire un total d'heures de français qui oscille entre 5000 et 7000 heures.

Pour ce qui est du *moment où débute l'immersion* en français, on peut distinguer essentiellement trois sortes de programmes :

1. l'*immersion précoce*, appelée aussi immersion *longue* ou *hâtive*, parce qu'elle débute dès la maternelle ou dès la 1re année ;

2. l'*immersion moyenne* qui débute après la 1re année mais avant la 6e année du primaire;

3. l'*immersion tardive*, appelée encore immersion *courte*, qui peut être offerte en 6e, 7e ou 8e année.

Selon Calvé (1991 : 9), et d'une manière générale, l'immersion précoce est souvent totale, tandis que l'immersion moyenne ou tardive est, dans bien des cas, partielle. Il y a, cependant, des exceptions à ce principe.

---

[4]   Communication avec l'auteur.

Enfin, l'ACPI parle de *l'immersion post-secondaire* pour désigner les essais d'enseignement de matières collégiales ou universitaires par le truchement d'une langue seconde. Par exemple, à l'Université d'Ottawa, on parle de classes *encadrées* pour faire référence à des cours universitaires (de psychologie, par exemple) donnés en français langue seconde à des étudiants non francophones ayant déjà atteint un bon niveau de connaissances dans la langue seconde. Ces étudiants sont encadrés à la fois par un professeur d'université dispensant sa matière mais aussi par un professeur de langue seconde (Wesche 1984 : 22-27; Migneron 1989 : 43-54; Edwards 1991 : 123-126).

Un troisième critère touche au *nombre de langues secondes enseignées simultanément* au cours d'une ou de plusieurs années scolaires. On parle dans ce cas de l'immersion *double* (Genesee 1987 : 24). Ce dernier critère implique un nombre restreint de programmes d'immersion dits *bilingues*, rencontrés à Montréal en particulier, où le français et l'hébreu sont les langues d'enseignement pour de jeunes anglophones (Adiv 1984). Le choix du français répond à la situation montréalaise et québécoise. Quant à celui de l'hébreu, il se fonde sur sa signification religieuse et culturelle et sur son importance en tant que langue nationale de l'État d'Israël (Genesee 1987 : 24).

Enfin, le quatrième critère *définit le milieu scolaire où s'offre l'immersion*. Dans bien des cas, les classes d'immersion *coexistent dans la même école* avec des classes traditionnelles dont l'enseignement est dispensé dans la langue maternelle. Elles sont donc offertes dans des écoles de langue anglaise où elles introduisent un deuxième régime pédagogique. Ce sont les *écoles à double voie*. L'immersion peut également coexister avec deux autres programmes. L'école *à triple voie* offre donc trois programmes simultanément. C'est, par exemple, le cas de l'école primaire Harold Napper de Brossard, dans la banlieue sud de Montréal (South Shore Protestant Regional School Board). Dans cette école ainsi que dans trois autres, une seule administration

CHAPITRE 2

supervise un programme d'immersion en français, un programme régulier en anglais et un programme en français langue maternelle (Sutherland 1990 : A6).

Cependant, quand seule l'immersion est offerte dans une école, on parle de *centre d'immersion* (Lapkin et Swain 1984 : 54). Cette formule se trouve surtout en Ontario. Au Québec, on trouve de nos jours un grand nombre d'écoles dites françaises dans les commissions scolaires protestantes, surtout dans la région de Montréal. Genesee (1987 : 38) les considère comme des *écoles de «super immersion»* parce que la plupart des élèves ne sont pas de langue maternelle française. Par exemple, l'école primaire Pointe-Claire de la Commission scolaire Lakeshore (banlieue ouest de Montréal) offre, en 1992, des classes françaises allant de la maternelle à la 6e année. Soixante pour cent des élèves sont des anglophones, mais on y compte aussi 35 % d'élèves d'origines et de langues diverses et 5 % de francophones.

C) LES ASSISES THÉORIQUES DE L'ENSEIGNEMENT PAR IMMERSION

1. LES ASSISES THÉORIQUES DES PREMIERS PROGRAMMES D'IMMERSION

Comme le développement des capacités langagières dans la langue seconde ne peut pas se faire au détriment ni des connaissances scolaires (Lambert et Tucker 1972 : 7) ni du maintien de la langue première, les parents ainsi que les administrateurs scolaires et les chercheurs universitaires responsables des premiers programmes d'immersion cherchaient à répondre à un certain nombre de questions qui restent encore fondamentales. L'immersion dans une langue seconde constitue-t-elle la meilleure façon d'assurer le développement de cette langue chez un enfant? À quel moment un jeune enfant est-il prêt à étudier dans sa langue seconde? L'immersion doit-elle être limitée aux enfants dont les capacités intellectuelles sont supérieures? Un enfant soumis à ce type d'enseignement peut-il apprendre autre chose que la langue seconde? Ne risque-t-il pas de mettre en danger l'apprentissage de sa langue maternelle? L'immersion est-elle une menace pour l'identité socioculturelle des enfants?

Désireux d'apporter des réponses à ces questions, Lambert et Tucker (1972 : 6-7) rappellent combien certains résultats de recherches précédentes les rendaient soucieux au moment de se lancer dans l'évaluation des premiers programmes d'immersion en français. Par exemple, les travaux mesurant les effets de l'éducation bilingue sur le développement cognitif et sur l'apprentissage scolaire n'étaient pas encourageants à cette époque. Ainsi, les conclusions de Michael West (1926) sur le retard scolaire des enfants indiens qui étudiaient dans une langue étrangère, ou celles de Cheeseman (1949) portant sur les résultats scolaires des enfants malais soumis à un enseignement en anglais, enfin les conclusions de Prator (1950) sur le retard scolaire d'enfants philippins qui recevaient également un enseignement en anglais n'étaient pas encourageants. Ils précisent toutefois qu'ils croyaient quand même au succès de l'expérimentation de Saint-Lambert à cause d'études plus favorables à l'éducation bilingue, comme celles de Peal et Lambert (1962) et celles de Lambert et Anisfeld (1969) démontrant que des enfants canadiens, bilingues mais de langue maternelle française, obtenaient de meilleurs résultats que des enfants unilingues de langue française dans des tests mesurant l'intelligence et les résultats scolaires. Ces enfants développaient aussi plus de sympathie envers les Canadiens de langue anglaise. Ils mentionnent aussi les idées du psychologue russe Vygotsky (1962) sur le transfert du développement conceptuel de la langue étrangère à la langue maternelle. D'après ce dernier, le fait de pouvoir exprimer la même pensée dans des langues différentes rendrait un enfant capable de percevoir que la langue n'est qu'un système de communication parmi beaucoup d'autres et que ses phénomènes peuvent se classer sous des catégories générales : l'enfant deviendrait ainsi sensible aux opérations linguistiques.

Pour Genesee (1987 : 13-14), l'expérimentation d'immersion en français de Saint-Lambert se fondait sur trois champs théoriques relevant de la neurolinguistique, de la psycholinguistique et de la sociopsychologie.

Du point de vue neurolinguistique, les recherches de Penfield et de Roberts (1959) indiquaient alors que certaines fonctions linguistiques peuvent être récupérées par des enfants âgés de dix ans et moins ayant souffert de lésions cérébrales, mais que cette récupération est beaucoup plus difficile chez des adolescents et des adultes. De son côté, Lenneberg (1967) soutenait que la maturation cérébrale se poursuit jusqu'à la puberté et facilite ainsi l'apprentissage des langues. Ce sont les théories de la plasticité cérébrale et du calendrier biologique sur lesquelles s'appuyait, en 1965, le choix d'un bain linguistique précoce pour les enfants. Genesee, cependant, appelle (1987 : 13) à la prudence à leur sujet. Ouellet (1990 : 30), reprenant les mêmes réserves, met en garde le lecteur sur cette question de l'âge qui n'est toujours pas résolue : «Des travaux plus récents de Diller et Walsh (1981) en neurophysiologie indiquent que, contrairement à ce que croyaient Penfield, Roberts et Lenneberg, l'aptitude aux langues ne se détériore pas avec l'âge, et notamment après la puberté. Il y a même des exemples du contraire [...]. C'est peut-être à cause de ces dernières recherches que l'immersion courte et l'immersion tardive sont des formules qui commencent à gagner plus de popularité.»

Les résultats des recherches psycholinguistiques menées pendant les années 1960 et 1970 suggéraient que la plupart des enfants, entre la naissance et l'âge de six ans, semblent acquérir leur langue maternelle naturellement, sans effort et sans être soumis à un enseignement systématique. Des linguistes comme Chomsky (1972) expliquaient ainsi que la capacité de l'apprentissage de la langue est innée chez les êtres humains. Ces résultats incitaient les chercheurs de l'époque à préconiser l'immersion précoce et une méthodologie indirecte de l'enseignement de la langue seconde.

Enfin, les recherches en psychologie sociale venaient aussi soutenir la cause du modèle de l'immersion précoce. En effet, on estimait que les jeunes enfants apprennent mieux une langue seconde que les adolescents ou les adultes parce qu'ils n'ont encore développé ni préjugés défavorables ni attitudes débilitantes. Ainsi les programmes d'immersion débutant dès la maternelle ou la 1re année paraissaient profiter de toutes ces dispositions favorables pour faciliter l'apprentissage de la langue seconde.

2. LES CONCLUSIONS THÉORIQUES TIRÉES DES RECHERCHES SUR L'IMMERSION

Étant donné que l'évaluation des résultats de ce type d'éducation et, en particulier, de ceux de la compétence bilingue en milieu scolaire a ouvert au fil des ans des pistes de recherche débouchant sur un certain nombre d'assises théoriques, nous essayerons également de les cerner.

Dans un ouvrage, par exemple, sur le bilinguisme en éducation, Cummins et Swain (1986) analysent les conséquences linguistiques, cognitives et scolaires de l'éducation bilingue. Ensuite, ils essaient de définir ce qu'ils entendent par compétence bilingue. La première partie de cet ouvrage est la plus intéressante parce qu'elle présente un tableau des théories qui entourent l'immersion. Cependant, les deux chercheurs n'analysent pas, à proprement parler, les *fondements théoriques* de l'immersion mais plutôt ses *conséquences* cognitives et scolaires. Il semble en effet difficile de clairement distinguer chez eux, en particulier pour les aspects positifs de l'immersion, entre les fondements originaux de l'expérimentation de Saint-Lambert et les conclusions tirées des recherches subséquentes.

Cummins et Swain (1986 : 7-36) font ainsi allusion aux controverses entourant la relation bilinguisme-fonctionnement cognitif. Ils mentionnent, par exemple, des études postérieures à 1966 tentant de démontrer que le bilinguisme est négativement associé au développement métalinguistique et cognitif des enfants et d'autres qui cherchent à prouver le contraire.

En ce qui concerne les recherches rapportant des associations négatives, Cummins et Swain (1986 : 9) font référence aux résultats confirmant les effets négatifs de l'éducation bilingue sur la maîtrise de la langue telle que mesurée par des tests verbaux d'intelligence ou des résultats scolaires. Ainsi, ceux de Skutnabb-Kangas et Toukomaa (1976) rapportent que les enfants des immigrants finlandais travaillant en Suède, fréquentant les écoles suédoises et recevant un enseignement en suédois, ont une maîtrise du suédois et du finnois plus faible que celle de leurs pairs unilingues en Suède et en Finlande. C'est la théorie du semi-linguisme. «Le niveau de développement de la langue maternelle avant le contact avec le suédois était fortement relié au succès de l'apprentissage de la langue seconde. Les enfants qui avaient émigré à l'âge de dix ans maintenaient un niveau de finnois proche de celui des enfants finlandais en Finlande et obtenaient en suédois des résultats semblables à ceux des Suédois. Cependant, les enfants qui avaient émigré à l'âge de sept ou huit ans ou avant l'âge scolaire obtenaient des résultats médiocres en lecture et en écriture dans les deux langues» (traduction libre). Le niveau de maîtrise de la langue première des enfants du groupe minoritaire jouerait donc un rôle significatif dans le processus de développement langagier. Sa maîtrise devrait, en conséquence, être renforcée par le milieu scolaire.

En ce qui concerne les études rapportant des associations positives, Cummins et Swain (1986 : 10-19) mentionnent les résultats d'une expérimentation menée par Ekstrand (1978). Des enfants suédois du primaire exposés à un enseignement précoce de l'anglais, en Suède, ont obtenu de meilleurs résultats dans leur langue maternelle que les enfants du groupe-contrôle n'ayant pas été exposés à l'anglais. Quand le milieu scolaire renforce l'apprentissage des deux langues, on constate donc les effets positifs de l'éducation bilingue. C'est ce que rapportent également Dubé et Hébert (1975) en ce qui concerne le développement de l'anglais chez des enfants américains francophones (groupe minoritaire) inscrits dans un programme d'éducation bilingue anglais-français dans le Maine.

Cummins et Swain font aussi mention des résultats de nombreuses recherches démontrant que le bilinguisme peut aider les enfants à analyser des données linguistiques et développer leur conscience métalinguistique. Ils citent, par exemple, l'étude de Ianco-Worrall (1972) menée en Afrique du Sud sur des enfants bilingues. Ceux-ci seraient plus sensibles aux relations sémantiques entre les mots que les enfants unilingues d'un niveau d'intelligence identique. Cummins et Swain parlent également des études de Ben-Zeev (1977a et b) rapportant que les enfants bilingues comparés à des enfants unilingues et d'intelligence équivalente sont davantage capables d'analyser des structures de phrases. Les enfants bilingues développeraient des stratégies analytiques de traitement linguistique afin de contrecarrer les interférences interlinguales.

Cummins et Swain mentionnent également d'autres recherches que celles de Peal et Lambert (1962), démontrant que le bilinguisme a des effets positifs sur le développement cognitif des enfants. Une étude de Liedke et Nelson (1968), menée sur des enfants bilingues parlant l'anglais et le français et fréquentant des écoles bilingues dans l'Ouest canadien, démontrerait que des élèves de 1re année du primaire obtiennent de meilleurs résultats que des élèves unilingues dans une tâche piagétienne de formation de concept. L'hypothèse des chercheurs est que, pour l'enfant bilingue, l'apprentissage de deux langues nécessite davantage d'interactions sociales que l'apprentissage d'une seule.

Cummins et Swain analysent quatre facteurs qui pourraient expliquer les différences entre les effets négatifs et les effets positifs du bilinguisme. Le premier facteur est lié à la situation des groupes linguistiques. D'une manière générale, les effets

CHAPITRE 2

défavorables, connus sous le nom de *bilinguisme négatif,* sont associés aux groupes linguistiques minoritaires. Le facteur minoritaire peut, cependant, être compensé par un enseignement solide de la langue première. Le deuxième facteur est celui de la valeur et du prestige accordés aux langues première et seconde dans les foyers et dans la communauté linguistique. Les effets favorables, appelés *bilinguisme positif,* se rencontrent dans des situations où les langues première et seconde sont perçues comme ayant une valeur sociale et économique. Le troisième facteur est socio-économique. Les enfants d'un statut socio-économique élevé ont tendance à avoir de meilleurs résultats que les enfants de milieux socio-économiques moins élevés. Enfin, les programmes scolaires jouent aussi un rôle : les résultats positifs tendent à se rencontrer dans les programmes d'immersion, alors que les programmes de submersion donnent des résultats plutôt défavorables.

Tentant d'expliquer les raisons pour lesquelles, dans certains cas, l'éducation bilingue précoce a des résultats positifs et, dans d'autres, des résultats moins favorables, Dodson (1981), de son côté, soutient que l'utilisation d'une langue seconde avec de jeunes enfants a un effet sur leur développement langagier seulement si un programme d'éducation bilingue est mis en place. Il propose donc un programme où la langue première et la langue seconde sont utilisées en séquence, ce qui diffère totalement des programmes d'immersion totale où la langue seconde est le véhicule de l'enseignement (Baetens Beardsmore 1982 : 141). Aux yeux de Dodson, on ne peut pas soutenir le principe qu'un élève apprend la langue seconde de la même manière qu'il a appris sa langue maternelle. En effet, l'enfant a déjà expérimenté certains concepts et certaines fonctions dans sa langue maternelle, ce qui en rend inutile la répétition dans la langue seconde. En outre, l'élève, même s'il est bilingue, a une langue qu'il préfère employer. Il recourt ainsi à l'une ou l'autre langue selon les fonctions et selon les situations. Dodson distingue donc la communication-moyen, où l'accent est mis sur la forme des messages, donc sur la langue, de la communication-message, où l'accent est mis sur le contenu des messages. Pour un jeune élève apprenant à fonctionner dans deux langues, le début de l'exposition à la langue seconde peut se faire par des activités de communication qui mettent l'accent sur le code. Très vite, cependant, le jeune enfant se rend compte des limites de la communication-moyen et se voit contraint de recourir à la communication-message. L'acquisition d'une véritable compétence de communication passe, selon Dodson, par la séquence appropriée de ces deux niveaux.

Selon Cummins et Swain (1986 : 18), ce sont les théories du bilinguisme positif (ou additif) et du bilinguisme négatif (ou soustractif) qui résument le mieux la nature des effets de l'éducation bilingue. En effet, Lambert (1977) soutient que lorsque la langue première des élèves bilingues est dominante et prestigieuse et qu'elle n'est aucunement menacée par la langue seconde, les effets du bilinguisme tendent à être positifs. Apprendre une langue seconde ajoute ainsi un autre niveau de compétence à celui représenté par la maîtrise de la langue première. Cet apprentissage est vu comme un enrichissement. À l'opposé, lorsque - la langue première des élèves est menacée et progressivement remplacée par une langue seconde plus prestigieuse, les effets du bilinguisme sont perçus comme négatifs dans la mesure où la maîtrise de la langue seconde se fait au détriment de la langue première. Dans un contexte minoritaire, apprendre cette langue seconde est donc généralement senti comme un appauvrissement et même une menace.

Cummins et Swain (1986 : 6 et 18) soutiennent qu'il y a donc plusieurs niveaux-seuils de compétence linguistique dans la langue première et dans la langue seconde que les enfants doivent atteindre pour éviter les effets négatifs du bilinguisme et pour favoriser leur fonctionnement cognitif. Ils s'appuient, en cela, sur les travaux de Cummins (1976, 1978 et 1979) et sur ceux de Toukomaa et Skutnabb-Kangas (1977). Le niveau-seuil minimal de la maîtrise de la langue première est celui au-dessous duquel le développement cognitif de l'élève risque de souffrir parce qu'il est incapable de tirer profit de l'environnement scolaire (Genesee 1987 : 80), surtout s'il n'y a pas de renforcement linguistique supplémentaire. Si ce niveau-seuil minimal n'est pas atteint, rappelle Carey (1989 : 74), l'apprentissage d'une langue seconde est également compromis. Au contraire, le niveau-seuil maximal permet et favorise l'épanouissement co-gnitif ainsi que l'apprentissage d'une langue seconde. Ouellet (1990 : 31) résume ainsi l'hypothèse des niveaux-seuils : «Pour qu'il y ait transfert de la compétence cognitive de la langue maternelle à la langue seconde, il faut que les élèves aient atteint un niveau-seuil de compétence dans la langue maternelle. [...] L'élève doit franchir un deuxième niveau-seuil, supérieur au premier, pour que les avantages de la bilinguisation apparais-sent. Les deux hypothèses s'intègrent en un modèle d'éducation bilingue, dans lequel les résultats scolaires dépendent de l'inte-raction de trois variables (l'environnement, l'élève, l'enseignant).»

Les diverses évaluations positives de l'éducation bilingue ainsi que les résultats de divers programmes d'immersion amè-nent également Cummins et Swain (1986 : 81-95) à rappeler l'hypothèse de l'interdépendance linguistique. Selon celle-ci, la richesse des expériences linguistiques dans les deux langues peut favoriser le développement des capacités sous-jacentes et communes aux deux langues à condition que la motivation et l'exposition à ces langues soient suffisantes à l'école comme dans un environnement plus large. Il y aurait donc des aspects cognitifs et scolaires de la compétence langagière qui seraient interdépendants et communs à la fois à la langue première et à la langue seconde, même si leurs manifestations de surface sont différentes. Cummins et Swain précisent que ces traits linguis-tiques de surface sont ceux qui sont relativement automatisés alors que les aspects communs aux deux langues sont ceux que demandent des tâches de communication intellectuellement exigeantes. Selon Cummins et Swain, cette hypothèse de l'interdépendance linguistique constitue le fondement essentiel de l'éducation bilingue.

De son côté, Krashen (1984 : 64-67 et 1985b : 57-68) explique la réussite des programmes d'immersion par sa théorie de l'acquisition des langues. La seule façon d'acquérir naturellement une langue, c'est ou bien de comprendre les messages émis dans cette langue ou d'être exposé à un contenu (*input*) d'enseignement compréhensible (Krashen 1982 : 10 et 1985 : 2). La mémorisation du vocabulaire, l'étude de la grammaire et les exercices, qui constituent l'apprentissage conscient des formes d'une langue, ne sont pas d'une grande utilité pour un adulte, et encore moins pour un enfant. Le secret, c'est le contenu compréhensible. Or, selon Krashen, les classes d'immersion, dont le fondement est l'enseignement des matières scolaires par le truchement de la langue seconde, offrent d'excellentes conditions pour comprendre les messages :

1. Comme aucun locuteur d'origine n'y est admis, l'homogénéité du groupe permet à l'enseignant d'adapter facilement son discours et de le rendre compréhensible.

2. L'enseignant adapte et complète les textes et le matériel pédagogique pour les mettre également au niveau du groupe.

3. Il est souvent permis aux élèves, surtout au début de leur apprentissage, de répondre dans leur langue maternelle.

Krashen est donc convaincu que l'efficacité de l'immersion vient davantage de ces conditions méthodologiques favorables au développement de la compréhension que de la durée du temps d'enseignement. À ses yeux, l'immersion est la méthode (d'enseignement des langues) «qui donne aujourd'hui les meilleurs résultats» (1984 : 64). Il poursuit en ces termes : «L'immersion nous a appris que l'enseignement compréhensible d'une matière *est bel et bien* un enseignement de la langue. Les élèves ne font pas qu'apprendre les règles au cours de langue pour ensuite consolider ce savoir à l'occasion de l'étude d'autres disciplines.

C'est l'enseignement de ces matières qui devient cours de langue [...] En effet, dans les cours usuels de langue axés sur le contenu compréhensible, les enseignants se demandent toujours de quoi parler. En immersion, le sujet est tout trouvé, c'est la matière [scolaire]» (Krashen 1984 : 65). La théorie de l'acquisition des langues de Krashen implique, par conséquent, de fournir aux élèves des «quantités massives» de contenu compréhensible qui, par la suite, favorisent le développement des capacités productives de la langue. Enfin, sur le sujet de la production, Krashen ajoute avec une certaine prudence : «Cela ne signifie pas qu'il faut renier l'aptitude à s'exprimer. Une certaine capacité productive peut aider l'élève à acquérir plus d'assurance et, dans le cas de l'écriture, à écrire progressivement mieux» (Krashen 1984 : 67).

Cependant, dans la première moitié des années soixante-dix, les recherches dévoilent que les capacités de réception et de production dans la langue seconde ne sont pas celles qu'on espérait voir se développer chez des élèves (voir le chapitre suivant). Ces constatations amènent ainsi Selinker, Swain et Dumas (1975 : 139-152) à étendre aux enfants la théorie de l'interlangue issue, à l'origine, des difficultés rencontrées par des adultes dans leur apprentissage des langues. On avance ainsi l'hypothèse que, lorsque des enfants apprennent une langue seconde dans des contextes où ils sont coupés de ceux qui parlent cette langue, leurs productions sont rarement conformes aux productions des locuteurs natifs, qu'elles ne sont pas la traduction exacte de la langue première, qu'elles diffèrent de la langue qu'on veut apprendre de façon systématique et, enfin, que les formes de leurs énoncés ne sont pas le fruit du hasard (p. 140). Ces productions de langue seconde constituent un système linguistique particulier, appelé interlangue (Selinker 1972), qui n'est ni celui de la langue seconde visée, dite langue-cible, ni celui de la langue première.

En réponse aux arguments de Krashen et devant les manifestations évidentes d'une interlangue parmi les élèves de l'immersion, Swain (1985 : 235-253 et 1988 : 68-83) soutient que l'enseignement compréhensible des matières scolaires, offert dans les classes d'immersion où les élèves n'ont pas l'occasion de s'exprimer longuement, ne donne pas les résultats escomptés sur le plan de l'apprentissage de la langue seconde. Elle démontre que les occasions données en classe pour une production langagière soutenue sont essentielles pour l'apprentissage parce qu'elles forcent les élèves à porter attention à la forme de leurs messages. En effet, s'il est possible de comprendre le contenu d'un message sans avoir de connaissances précises des points de vue morphologique et syntaxique, en revanche ces connaissances sont nécessaires à la production orale ou écrite du discours. En outre, la correction claire et systématique des erreurs par les enseignants pousse les élèves à un emploi plus cohérent et plus efficace de la langue. Swain complète donc la théorie de Krashen par l'hypothèse de la production (*output*) compréhensible obligeant les élèves à porter leur attention sur les relations entre la forme et le sens des messages linguistiques. En d'autres termes, dit-elle, un enseignement axé sur le contenu n'est pas nécessairement un bon enseignement de la langue seconde s'il néglige de donner aux élèves de nombreuses occasions de réflexion sur les relations sens-forme.

Comme on l'a vu, les assises théoriques des débuts de l'immersion au Canada se sont considérablement enrichies à mesure que de nouveaux programmes s'établissaient et que de nouvelles recherches étaient lancées. La réflexion ainsi engendrée se justifie par la quête des facteurs expliquant les raisons et les conditions des succès de cette façon d'enseigner la langue seconde. Il semble donc maintenant opportun d'analyser dans les chapitres suivants les résultats des nombreuses évaluations de programmes d'immersion en français au Canada.

CHAPITRE 2

L'IMMERSION ET LE NIVEAU DE MAÎTRISE DU FRANÇAIS

Ce qui caractérise fondamentalement les succès de divers programmes canadiens d'immersion française, c'est qu'ils ont été, dès 1965, soigneusement et systématiquement évalués. On peut rappeler, par exemple, non seulement les travaux de l'équipe initiale de Lambert et Tucker de l'Université McGill à Montréal, mais aussi les études entreprises par l'équipe de recherche du Centre des langues modernes (Modern Language Centre) de l'Institut d'études pédagogiques de l'Ontario (Ontario Institute for the Studies in Education ou OISE), celles du Centre de recherche de l'Ottawa Board of Education, celles de l'Université Simon Fraser à Vancouver et de la Faculté Saint-Jean à Edmonton, sans oublier les évaluations conduites depuis 1976 par Genesee et bien d'autres (voir les bibliographies de Swain et Lapkin 1981; Genesee 1987; Ouellet 1990; Calvé 1991 : 7-23; Hullen et Lentz 1991 : 63-76).

Ces recherches portent sur cinq grandes questions :

1. Quels sont les effets de l'immersion sur l'apprentissage du français langue seconde?

2. Un enseignement immersif affecte-t-il le niveau de développement de la langue première des enfants, en l'occurrence l'anglais?

3. Est-ce que le fait d'enseigner des matières scolaires comme les mathématiques ou les sciences dans la langue seconde a des effets sur le rendement scolaire des enfants?

4. Quelles sont les répercussions psychologiques et sociales de l'immersion?

5. Les programmes d'immersion sont-ils faits pour tous les enfants? En particulier, peut-on inscrire à de tels programmes les élèves qui présentent des risques élevés d'échec scolaire?

Le présent chapitre porte sur les effets de l'immersion sur la maîtrise du français. L'analyse du rendement en français des élèves inscrits dans des programmes en immersion s'appuie, pendant très longtemps, presque exclusivement sur les résultats obtenus dans une série de tests normalisés et analysés statistiquement. Ces résultats sont comparés à ceux de groupes-contrôles pouvant provenir de quatre situations différentes d'apprentissage de la langue. Des chercheurs peuvent décider, par exemple, à l'instar de Lambert et Tucker (1972 : 10), de comparer le rendement en français des élèves anglophones en immersion, à la fois à celui d'élèves ayant étudié le français comme matière scolaire dans un ou deux programmes d'études offerts en anglais, et aussi à celui de leurs camarades francophones de même niveau scolaire et d'âge identique, inscrits dans des écoles régulières de langue française. Ensuite, il est possible d'établir une comparaison entre le rendement en français des élèves inscrits dans un programme d'immersion et le rendement d'autres élèves suivant un autre programme d'immersion (l'immersion précoce comparée à l'immersion tardive, par exemple). Enfin, au niveau des classes d'immersion au secondaire, le rendement en français, en Ontario par exemple, peut même être comparé à celui de fonctionnaires fédéraux bilingues (Swain et Lapkin 1986 : 2). Il est à noter, cependant, que tous les chercheurs ne recourent pas systématiquement à ces quatre sortes de comparaisons. On peut rencontrer aussi des études descriptives et qualitatives du rendement en français d'enfants inscrits en immersion.

Genesee, dans son ouvrage *Learning Through Two Languages* (1987), présente les résultats de ces évaluations selon les modèles de l'immersion et en considérant les capacités langagières traditionnelles. Cette présentation paraît assez claire pour être reprise ici. La première partie du présent chapitre analyse les effets de l'immersion précoce sur l'apprentissage du français en ce qui concerne les capacités de compréhension de l'oral et de l'écrit, celles de production orale et de production écrite ainsi que les capacités générales de communication en français. Seront ensuite présentés les effets de l'immersion tardive sur le rendement en français.

A) L'APPRENTISSAGE DU FRANÇAIS DANS LE CADRE DE L'IMMERSION PRÉCOCE

1. LA COMPRÉHENSION AUDITIVE ET LA COMPRÉHENSION DE L'ÉCRIT (LECTURE)

D'une manière générale, les analyses portant sur les capacités réceptives des élèves en immersion sont soit carrément positives, soit beaucoup plus réservées.

1.1. Des évaluations positives des capacités réceptives

Lambert et Tucker (1972 : 40-41) rapportent que les capacités des élèves de 1re année du groupe-pilote expérimental de Saint-Lambert (1966) ainsi que ceux du groupe suivant (1967), en ce qui concerne la compréhension du français parlé, semblent s'être développées plus facilement que leurs capacités productives. Ils font cas de résultats favorables au *Test de rendement en français* de la Commission des écoles catholiques de Montréal mesurant la capacité en lecture sur trois plans :

1. discrimination lexicale;

2. compréhension de phrases;

3. capacité de replacer en ordre les mots d'un énoncé.

Ils soutiennent même que les élèves des groupes expérimentaux ont des résultats aussi bons que ceux des groupes-contrôles de langue française. Ils rapportent, enfin, que les résultats des enfants en immersion sont supérieurs à ceux de leurs camarades francophones quand il s'agit d'associer un mot français à sa forme écrite. Cependant, avouant qu'il est difficile d'expliquer de tels résultats, les deux chercheurs soutiennent que les enfants de l'immersion doivent avoir développé une capacité de détection linguistique leur permettant de lier avec efficacité un mot écrit à sa forme orale.

En ce qui concerne la fin de la 2e année, au bout de trois ans d'immersion (1965-1968), Lambert et Tucker (1972 : 86-90) rapportent des résultats du même ordre à un test de compréhension auditive ainsi qu'à un test de lecture. Pour ce qui est du vocabulaire, ils mentionnent avoir utilisé une version française du *Test de vocabulaire imagé de Peabody* (1972 : 87). Cette épreuve consiste à mesurer le vocabulaire oral d'un enfant en lui demandant de reconnaître une image correspondant à un mot dit oralement. Lambert et Tucker, à ce sujet, soutiennent que les résultats des élèves du groupe expérimental de Saint-Lambert sont significativement moins bons que ceux du groupe-contrôle de langue française. Mais ils expriment l'opinion que les différences entre les deux groupes s'amenuisent à la suite des contacts scolaires que les élèves de l'immersion ont avec le français.

En ce qui concerne les capacités de compréhension à la fin de la 3e année (1969), Lambert et Tucker (1972 : 118) notent des résultats similaires : les capacités du groupe-pilote égalent celles du groupe-contrôle francophone en ce qui concerne la compréhension et la mise en mémoire d'informations complexes présentées oralement en français. Ils constatent tout de même de moins bons résultats chez les élèves de l'immersion en ce qui concerne la compréhension de phrases. Mais ces résultats défavorables par rapport à ceux des enfants francophones sont immédiatement expliqués ainsi : «Puisqu'il n'y a eu par la suite aucune différence dans le test de rendement entre le groupe-contrôle francophone et le groupe-pilote [...] nous supposons que certains traits de la version de 1969 ou bien ne convenaient pas ou bien étaient particulièrement difficiles pour les enfants du groupe-pilote» (traduction libre). Quant à la mesure des connaissances en vocabulaire, Lambert et Tucker (1972 : 140) soutiennent que pour la première fois, en 1968, les enfants de l'immersion obtiennent, dans ce type de test, des résultats aussi bons que les enfants francophones.

Dans les résultats de 1969, Lambert et Tucker (1972 : 148) mettent en évidence le fait que la classe-pilote de l'immersion française a de meilleurs résultats au *Test de rendement en français* qu'environ la moitié du groupe-contrôle francophone et qu'il n'y a pas de différence significative entre les deux groupes en ce qui concerne le test de compréhension auditive. De plus, les résultats du *Test de vocabulaire Peabody* ne révèlent pas de différences significatives entre les élèves de l'immersion et les enfants francophones. Ils notent que ces élèves comprennent moins bien que le groupe-contrôle de langue française les descriptions faites par des enfants francophones (Lambert et Tucker 1972 : 149). Cependant, l'évaluation des capacités réceptives du groupe expérimental est, pour Lambert et Tucker, globalement très positive puisqu'elles sont la plupart du temps, à leurs yeux, comparables à celles des francophones.

En 1979, Swain rapporte également des résultats favorables de l'évaluation du rendement en français des élèves de l'immersion. Elle soutient, dans un énoncé général, que ces résultats «révèlent d'une manière constante la supériorité du rendement des élèves de l'immersion par rapport aux élèves qui suivent un programme de français de base (de vingt à quarante minutes par jour). En outre, leur rendement est au moins aussi bon que 35 %

des élèves francophones qui ont servi de groupe-contrôle dans les tests normalisés qu'on a utilisés. Au bout de six ou sept ans dans un programme d'immersion, le rendement des élèves dans les domaines de l'écoute et de la lecture s'approche de celui des locuteurs natifs» (p.22 – traduction libre).

Dans un ouvrage de vulgarisation destiné aux élèves de 11 à 15 ans inscrits dans un programme d'immersion en francais, Lapkin, Swain et Argue (1983 : 11) présentent aussi un tableau tout à fait favorable du rendement en français que les élèves d'immersion peuvent atteindre. Elles soutiennent, en effet, que l'immersion permet d'apprendre davantage de français que les programmes réguliers. En ce qui concerne particulièrement les capacités de compréhension de l'oral et de l'écrit qu'un pro-gramme d'immersion précoce développe, elles déclarent que celles-ci se comparent favorablement, en fin de 6ᵉ année, à celles d'enfants francophones de Montréal inscrits dans une classe dite «moyenne».

La même tendance à rapporter des résultats très favorables se retrouve chez Genesee (1987 : 44-45) qui soutient que les élèves de 4ᵉ et 5ᵉ année de l'immersion précoce et totale, en 1978, ont tendance à avoir des résultats «aussi bons «que les élèves francophones de même niveau dans l'épreuve de vocabulaire du *Test de lecture California* et dans une entrevue orale individuelle mesurant la capacité à comprendre l'écrit (lecture) ou l'oral (écoute). En outre, le rendement en français de ces élèves d'immersion dépasse d'une façon très significative celui d'un groupe-contrôle de langue anglaise suivant un programme régu-lier dans les épreuves suivantes : vocabulaire et compréhension de l'écrit (4ᵉ et 5ᵉ année), test de lecture silencieuse (6ᵉ année) et compréhension auditive (4ᵉ,5ᵉ et 6ᵉ année).

Aux yeux de Harley et Swain (1984 : 291), les résultats positifs (datant de 1977) d'élèves d'immersion de 6ᵉ année à un test de compréhension auditive portant sur des extraits d'émis-sions radiophoniques démontrent que leur capacité atteint le niveau des locuteurs natifs. Elles tirent la même conclusion des résultats (datant de 1983) obtenus par des élèves d'immersion de 6e année dans une épreuve à correction objective requérant de choisir une phrase, à partir d'un groupe de trois énoncés présentés, afin de combler un vide à l'intérieur d'un paragraphe écrit.

Dans un article de synthèse portant sur la maîtrise du français par les élèves de l'immersion au secondaire, Swain et Lapkin (1986 : 3) mettent également en relief les résultats tout à fait positifs obtenus par des élèves de l'immersion précoce à des tests de compréhension auditive. Elles en concluent que les scores obtenus sont identiques à ceux des élèves francophones soumis au même test.

Des résultats positifs du même ordre sont également notés par Cummins et Swain (1986 : 45). En effet, s'appuyant sur des recherches menées en Ontario, ces deux chercheurs n'hésitent pas à avancer que les élèves de l'immersion précoce développent, en 5e année, des capacités similaires à celles des locuteurs natifs en ce qui concerne la compréhension des textes oraux et écrits. Cummins et Swain, cependant, reprenant une conclusion émise déjà par Swain en 1979, constatent qu'il faut six ou sept ans à ces élèves du primaire pour atteindre un niveau de maîtrise du français acceptable. «Il convient de se demander à propos de ces résultats, écrivent-ils, s'il est réaliste de s'attendre à ce que les enfants de groupes minoritaires fréquentant des programmes d'éducation bilingue aux États-Unis parviennent à des niveaux acceptables en un an ou deux» (p.45 – traduction libre).

Le même type de prudence caractérise aussi les conclusions de Lapkin et Swain (1984 : 53) qui constatent que les capacités réceptives (compréhension de l'oral et de l'écrit) des élèves de l'immersion longue (ou précoce) «atteignent *presque*[1] le niveau des francophones dès la fin de l'élémentaire». Elles font remarquer que les élèves qui fréquentent des centres d'immersion

---

[1]   Nous soulignons.

obtiennent de meilleurs résultats que ceux qui suivent des programmes d'immersion dans des écoles à double régime pédagogique.

Les nuances sur le niveau de compréhension du français atteint par les élèves de l'immersion précoce apportées par Swain, Cummins et Lapkin nous permettent de présenter maintenant des évaluations plus réservées.

1.2. Des évaluations plus réservées des capacités réceptives

En 1987, Genesee (1987 : 46) note que certains chercheurs comme Foidart (1981) ne sont pas parvenus à des résultats comparant favorablement le rendement des capacités réceptives des élèves en immersion à ceux des francophones. Il ajoute également que, dans le cas de résultats favorables, ceux-ci ne concernent que la compréhension de la langue scolaire. À cet effet, il rapporte que certains élèves de l'immersion mettent eux-mêmes en évidence leurs difficultés à comprendre le français parlé par des locuteurs natifs dans des situations non scolaires à cause de la rapidité du débit et de leur vocabulaire limité. Enfin, il est important de rappeler cette mise en garde de Genesee à l'égard de l'interprétation des résultats favorables de l'évaluation des capacités réceptives des élèves en immersion : «La langue scolaire ne fournit pas aux apprenants la gamme complète des variétés de langue et de styles auxquels ils seront vraisemblablement exposés et dont ils auront besoin en dehors de l'école» (traduction libre).

Bibeau admet qu'il n'a jamais personnellement été directement impliqué dans l'immersion, même s'il a visité des classes ou étudié des rapports d'évaluation (1991 : 127). Il soutient (1984 : 46-49) que les élèves de l'immersion comprennent «assez bien» le français tout en limitant ce jugement aux contextes scolaires. Leur compréhension du français est assez bonne pour qu'ils soient capables de remplir des questionnaires qui leur sont familiers. Mais il croit aussi qu'ils sont incapables d'aller au-delà de ces contextes parce qu'ils ne possèdent pas ce qu'il nomme «la compétence extralinguistique» des enfants francophones (1991: 128).

Lyster (1987 :701-716) s'étonne aussi qu'on puisse soutenir que les capacités réceptives des élèves en immersion sont semblables à celles des locuteurs natifs. Il s'appuie sur les données recueillies dans sa salle de classe auprès d'élèves de 8e année inscrits dans un programme d'immersion française. Il justifie son jugement par le constat de leurs difficultés à comprendre le français des acteurs des films qu'il leur avait fait visionner ainsi que les faiblesses de leur compréhension du vocabulaire des œuvres littéraires de jeunesse qu'il leur demandait de lire en français.

Enfin, Hammerly (1989 11-12) reconnaît, d'abord, que les élèves de l'immersion ne peuvent qu'avoir un «bon» niveau de compréhension orale et écrite après «7000 heures» de contact avec le français. Cependant, il s'élève, sans s'appuyer sur des résultats précis[2], contre le fait de dire que ce niveau égale celui des enfants francophones. Il s'en prend donc aux conclusions tirées des résultats d'instruments de mesure (épreuves à correction objective) qui sont inadéquats pour évaluer l'étendue du vocabulaire compris par les élèves de l'immersion précoce ainsi que les nuances linguistiques auxquelles les locuteurs francophones sont sensibles : «En vérité, quand il s'agit d'une écoute plus sophistiquée et d'une grande étendue, il se peut fort bien que la compréhension des élèves de l'immersion française soit bien au-dessous de celles des francophones» (traduction libre).

Ce type de réserves se rencontre beaucoup plus souvent dans l'évaluation des productions tant orales qu'écrites des élèves de l'immersion.

---

[2] Dans son dernier ouvrage sur l'immersion en français (1989 : 11 12), Hammerly parle des aptitudes de compréhension orale et écrite en ne faisant référence qu'aux conseils de Lapkin et de ses collaborateurs invitant les enfants de l'immersion à s'entraîner à l'écoute de programmes de télévision faciles. Il n'en donne d'ailleurs ni la date ni les références bibliographiques.

2. LA PRODUCTION ORALE ET LA PRODUCTION ÉCRITE

D'une manière générale, les chercheurs et les évaluateurs s'accordent pour dire que les capacités de production orale et de production écrite des élèves de l'immersion n'atteignent pas les niveaux de celles des locuteurs francophones du même âge surtout en ce qui concerne la prononciation, la grammaire et le vocabulaire (Swain et Lapkin 1986 : 4-5 et Genesee 1987 : 46-49).

Lambert et Tucker (1972 : 40-44) constatent que la production orale des élèves du groupe-pilote de Saint-Lambert (1967) est nettement plus pauvre, en 1966, que celle du groupe-contrôle de langue française sur les plans de l'expression générale, des erreurs de grammaire, de la liaison, du rythme, de l'intonation et de la reconstruction orale d'histoires. Ils font la même constatation pour le groupe suivant en 1968, en particulier pour la production des nasales du français.

En 1968, à la fin de la 2e année de l'expérimentation de Saint-Lambert, Lambert et Tucker (1972 : 104) rapportent que, malgré la remarquable qualité des capacités de production orale des élèves de l'immersion, les linguistes les placent toujours *au-dessous* [3] de celles de leurs camarades francophones pour ce qui est de la facilité d'expression, de la grammaire, du rythme, de l'intonation et de la prononciation.

En fin de 3e année (1969), l'évaluation des capacités de production des élèves de Saint-Lambert ne diffère pas sensiblement même si Lambert et Tucker (1972 : 120-122 et 136-137) signalent que leur production de séquences de sons est très bonne, en particulier quand ils tentent d'exprimer en français leurs propres idées. Les erreurs de genre sont fréquentes de même que les erreurs de contraction, de temps et de nombre.

Enfin, pour l'évaluation de l'année 1970, Lambert et Tucker (1972 : 148-149) admettent que les élèves de l'immersion n'ont

---

[3]   Nous soulignons.

pas atteint le niveau de compétence des enfants francophones en ce qui concerne la production orale. Ils estiment, cependant, qu'ils sont parvenus à une «bonne maîtrise du français aux yeux d'un évaluateur bien formé qui avait utilisé des locuteurs natifs comme référence» (traduction libre). Lambert et Tucker vont jusqu'à tirer la conclusion suivante des résultats des évaluations de la production orale en français des élèves de l'immersion de Saint-Lambert : «Les productions orales des enfants du groupe expérimental, bien qu'on les reconnaisse comme n'étant pas celles de locuteurs natifs, s'approchent de très près de la langue spontanée d'enfants francophones de 4ᵉ année» (traduction libre). Au bout de cinq années (1965-1970) d'immersion française, Lambert et Tucker (1972 :152) expriment leur grande satisfaction en ce qui concerne cette maîtrise du français parce que les «enfants ont développé une capacité à lire, écrire, parler et comprendre le français inégalée par celle d'élèves anglophones ayant suivi un programme traditionnel de français langue seconde». Ils ajoutent même qu'avec l'aide procurée par l'emploi du français dans diverses situations sociales, ces élèves de l'immersion comme ceux qui les suivront dans le programme «pourraient ne plus être distingués des locuteurs francophones en ce qui a trait à leur expression orale» (traduction libre). Cet enthousiasme, cependant, est loin d'être partagé.

Rebuffot (1991) constate, par exemple, dès 1971, des faiblesses d'expression orale ou écrite dans un groupe d'élèves de 9ᵉ année issus d'un programme d'immersion précoce à Montréal (Elmgrove School). Aux environs de la Noël de cette année-là, par exemple, un de ses élèves écrit spontanément une composition sur la prétendue distraction de son enseignant de français langue seconde. Les deux premiers paragraphes commencent ainsi :

Il y' avait a l'ecole secondaire Malcomb Campbell un proffesseur très distrait. Il n'etait pas distrait mais il pensait tousjour de Raquel Welshe. Quand il devait enseigner une classe il pensait la moitié de leçon et la moitié de Raquel Welshe. Quand il ne lisait pas les adventures du Jean-Louis Perrault ou ne disputait pas avec son vieux ami Don il pensait de Raquel.

Certes, on pourrait voir d'une manière positive l'emploi correct de l'imparfait, celui de la double négation et ne pas tenir compte des fautes d'orthographe non grammaticales. Il n'en reste pas moins que cette production discursive écrite, où l'interférence de la construction anglaise *to think of* est manifeste dans l'emploi du verbe *penser de*, par exemple, ne peut pas se comparer avec l'énoncé qu'aurait pu produire un francophone du même niveau et du même âge. Mais, en 1971, au moment de l'enthousiasme engendré par les résultats favorables de l'expérimentation de Saint-Lambert, il était difficile à un enseignant dans un programme d'immersion au secondaire de se faire entendre surtout pour souligner les faiblesses en français de ses élèves.

Spilka (1976 : 543-559), de son côté, après avoir enregistré les élèves de 5ᵉ et 6ᵉ année du groupe de Saint-Lambert racontant en français une histoire à partir d'un film muet, en a comparé la production orale à celle d'un groupe d'enfants francophones. Elle remarque que les histoires dites par les élèves d'immersion sont, certes, compréhensibles et en conclut que ces enfants peuvent s'exprimer dans la langue seconde. Cependant, elle note aussi que le groupe expérimental met beaucoup plus de temps que le groupe-contrôle à produire des phrases et qu'il recourt volontiers à l'emploi de relatives pour pallier un manque de vocabulaire. Sur le plan grammatical, Spilka met en évidence que les enfants du groupe expérimental de Saint-Lambert omettent des éléments syntaxiques (auxiliaires, déterminants, en particulier les articles définis, pronoms) ou lexicaux (noms), ont tendance à faire un suremploi du genre masculin, utilisent l'imparfait au lieu du passé composé, préfèrent l'auxiliaire *avoir* à *être* dans la formation du passé composé et évitent les formations passives. Au sujet de la correction des phrases, Spilka soutient que les élèves de l'immersion font beaucoup plus d'erreurs que le groupe-contrôle et que cette différence s'accroît avec le temps. En ce qui concerne la maîtrise du genre en français, elle précise également que les locuteurs de langue seconde ne semblent pas s'améliorer avec le temps. Peut-être, ajoute-t-elle, qu'un modèle linguistique issu d'un groupe de locuteurs natifs du même âge et du même niveau que les élèves de l'immersion donnerait de meilleurs résultats qu'un modèle adulte pour l'apprentissage du genre?

Spilka résume ainsi son évaluation globale des capacités productives des élèves de l'immersion : «En général, les exemples de production orale des locuteurs natifs tendent à être plus homogènes et à contenir moins d'erreurs que ceux des élèves de l'immersion. Beaucoup de ces erreurs sont le fruit de l'omission; le débit est plus rapide; on remarque la présence fréquente d'expressions idiomatiques et, dans quelques cas encore, de tournures enfantines. Par contraste, les productions des locuteurs non natifs varient bien davantage, révélant de nombreuses erreurs d'omission et d'addition, mettant en évidence une interaction avec la langue maternelle et des échecs fréquents dans l'établissement de différenciations pertinentes et fines en français quand elles ne sont pas nécessaires en anglais [...] Les étudiants du groupe expérimental tendaient à se conformer à l'usage du français standard, ce qui avait comme conséquence la rareté des expressions idiomatiques et une absence de langue enfantine. De toute évidence, les élèves de l'immersion ne possédaient pas de maturité linguistique en français bien que cela ait rarement bloqué la communication» (p. 553-554 – traduction libre).

Hammerly (1982 : 268) voit dans la langue des élèves de l'immersion une interlangue fautive, criblée d'anglicismes et d'erreurs. Refusant même (1987 : 397) de lui attribuer le terme de *langue*, il la qualifie de «pidgin scolaire au stade terminal, de franglais». Il fonde son diagnostic sur une série d'études condui-

CHAPITRE 3

tes soit à Vancouver (Pellerin et Hammerly, Gustafson, Tattoo), soit ailleurs au Canada (Pawley, Spilka, Adiv). En 1989, il reprend ces qualificatifs et soutient qu'après douze ou treize années d'immersion les élèves ne parlent pas français mais un pidgin scolaire très incorrect, mélangeant un vocabulaire français limité à un grand nombre de structures anglaises (p. 20).

Des réserves sont également exprimées par Lapkin, Swain et Argue (1983 : 11-12) en ce qui concerne les capacités d'expression orale et écrite des élèves de l'immersion jusqu'à la fin de la 6ᵉ année du primaire. Ces capacités ne sont pas de la même qualité que celles des élèves montréalais de langue française parce que des contacts réguliers avec des francophones sont nécessaires pour parvenir à un tel niveau.

Reprenant les analyses de Spilka (1976), Bibeau (1984 : 47) soutient que la réussite des élèves de l'immersion aux examens de français ne signifie pas qu'ils possèdent la compétence linguistique générale des élèves francophones. En effet, ces examens contrôlent les connaissances relatives aux programmes d'enseignement et non la compétence totale en langue. Il met ainsi l'accent sur les graves lacunes des élèves de l'immersion, sur leurs hésitations, leurs énoncés stéréotypés, leurs phrases alambiquées, leur fort accent étranger et le bon nombre d'erreurs grammaticales qu'ils commettent. «Il n'y a pas de doute, écrit-il, que leurs connaissances dépassent très largement celles des classes traditionnelles de langue seconde, mais les enfants de l'immersion sont loin de posséder une compétence linguistique semblable, équivalente ou comparable à celle des francophones de leur âge». Bibeau reconnaît que l'immersion française donne certains résultats pour les meilleurs élèves en leur faisant acquérir une certaine aisance de débit. Mais il souligne chez eux le manque de naturel et la méconnaissance de la prononciation du français québécois courant. Enfin, il reproche aux chercheurs de négliger de se pencher sur le phénomène de la régression linguistique qui lui semble apparaître, chez les élèves de l'immersion, au moment où, vers l'âge de huit ou neuf ans, ils prennent conscience de leur identification sociale.

Harley et Swain (1984 : 291-311) constatent chez des élèves de la 1re à la 10e année, ayant eu deux années d'immersion précoce et totale à Toronto et à Ottawa, suivies d'années d'immersion partielle, que leurs capacités productives diffèrent considérablement des points de vue de la grammaire et du vocabulaire de celles des groupes-contrôles francophones, même s'ils accomplissent bien certaines tâches de production discursive.

Harley et Swain font une série de remarques pertinentes pour les enseignants en immersion. D'abord, la nature correcte de productions orales ou écrites des élèves de l'immersion peut faire illusion sur leur véritable niveau de maîtrise de la grammaire du français (1984 : 305 et 308). Par exemple, la production correcte d'un énoncé tel que j'*ai marché* ne signifie pas qu'un élève a maîtrisé la segmentation particulière du passé composé français (pronom + auxiliaire + radical verbal et suffixe). En effet, le même élève d'une classe d'immersion (1re année), prenant *j'ai marché* pour la 1re personne du présent du verbe *marcher*, peut ainsi répondre, en fin d'année scolaire, à une question qui lui est posée :

Enseignant : *Est-ce que tu habites loin de l'école?*

Élève : *Euh non. J'ai marché à la maison toujours.*

En deuxième lieu, la langue maternelle des élèves en immersion continue d'interférer négativement sur leurs productions orales ou écrites en francais, en particulier dans des contextes scolaires d'immersion coupés des situations sociales d'emploi de la langue seconde. On remarque, en effet, qu'ils font des erreurs dans l'emploi des temps, dans l'ordre des mots, ou dans l'emploi de constructions verbales, erreurs qui proviennent de l'anglais :

- *Maintenant elle est content parce que le wave est venir* (is coming).
- *Je juste mets du lait et un oeuf.*

– *Il y avait du liquide dans mes poumons et j'ai j'étais donné du mé... beaucoup de médication.*

En troisième lieu, Swain et Harley (1984 : 299-302) soutiennent avoir des preuves d'un développement continu, au fil des ans, des capacités langagières dans les classes d'immersion. Ainsi, un emploi incorrect du français n'est pas nécessairement le signe d'une fossilisation. On peut remarquer, en effet, la séquence *emploi correct – emploi incorrect – emploi correct* dans la production d'un énoncé du type suivant : j'ai peur – je suis peur – j'ai peur. Enfin, la connaissance d'une forme linguistique par un élève de l'immersion ne signifie pas que cet élève pourra l'employer dans ses diverses fonctions (1984 : 308). Il faut donc considérer à la fois les formes et les fonctions dans l'évaluation de l'acquisition de la langue.

De son côté, Calvé (1986 : 25) reprend à son compte les grandes réserves exprimées avant lui sur les capacités de production des élèves de l'immersion. À ses yeux, ces capacités ne sont vraiment pas aussi satisfaisantes que le niveau des capacités réceptives. Il en voit la raison dans le manque de suivi pédagogique en ce qui touche les erreurs, la correction, la rigueur et l'exactitude grammaticales. Les ratés de l'expression en viennent ainsi à se fossiliser très tôt. «Il est ensuite très difficile de les améliorer.»

En 1986, après avoir analysé les résultats de plusieurs études menées à Toronto, à Ottawa, au Nouveau-Brunswick et en Saskatchewan, Swain et Lapkin (1986 : 4-6) sont tout aussi sévères à l'égard des productions orales et écrites des élèves de l'immersion au secondaire. Afin d'étayer leur diagnostic, elles prennent soin d'expliquer la nature des instruments de mesure utilisés. Il s'agit d'unités d'évaluation fondées sur le modèle théorique de Canale et Swain (1980) et celui de Canale (1983) décomposant la compétence de communication en quatre domaines : grammatical (connaissances linguistiques), sociolinguistique (connaissance des règles d'interprétation de la signification sociale des énoncés), discursif (connaissance des règles de cohésion et de cohérence des énoncés), stratégique (connaissance des règles de réparation des ratés de la communication).

En ce qui concerne la production grammaticale écrite, sur les quinze instruments de mesure utilisés dans quatre recherches conduites par l'Institut d'études pédagogiques de l'Ontario, quatorze montrent des différences favorables aux groupes-contrôles francophones. Les élèves de l'immersion sont également conscients de leurs faiblesses en grammaire puisque seulement la moitié d'un groupe de 12e et de 13e année, venant de l'immersion précoce, et moins du tiers du groupe issu de l'immersion tardive avouent écrire en français avec confiance (Swain et Lapkin 1986 : 5). Swain et Lapkin (1986) concluent ainsi : «[...] Dans leurs capacités de production, en s'appuyant sur des comparaisons avec des francophones, il semble que les élèves de l'immersion sont très faibles dans le domaine grammatical. Leurs capacités discursives sont moins problématiques» (p. 6 – traduction libre). Il ressort aussi que les élèves de l'immersion diffèrent des francophones dans les connaissances grammaticales nécessaires au succès des aspects sociolinguistiques de la communication.

Il est nécessaire de signaler ici l'importance des recherches menées par le Centre des langues modernes de l'Institut d'études pédagogiques de l'Ontario en ce qui concerne l'apprentissage des langues par divers groupes d'enfants inscrits dans des contextes scolaires différents (Harley, Allen, Cummins et Swain 1990 : 1). Il s'agit du projet de cinq ans (1981-1986) connu sous le nom de *Development of Bilingual Proficiency*. Un aspect de ce programme de recherches vise précisément à évaluer le modèle de la compétence de communication (Canale et Swain 1980; Canale 1983) dans une situation immersive.

L'évaluation de la compétence en français des élèves de l'immersion au primaire a touché un total de 198 enfants de 6e année (175 élèves de l'immersion précoce de la région d'Ottawa

CHAPITRE 3

et 23 enfants francophones d'une école de langue française à Montréal). Elle a consisté à mesurer trois aspects (grammatical, discursif et sociolinguistique) de leur compétence en utilisant une méthodologie à trois volets portant, d'abord, sur la production orale, puis sur des épreuves à correction objective, enfin sur la production écrite (Harley, Allen, Cummins et Swain 1990 : 11). Les résultats des trois épreuves portant sur la grammaire et sur les aspects sociolinguistiques démontrent que les élèves de l'immersion obtiennent des résultats bien inférieurs à ceux des enfants francophones. C'est particulièrement évident pour la production orale des formes verbales en français. À l'écrit, l'écart le plus grand entre la production des élèves de l'immersion et celle des enfants francophones se situe au niveau de la syntaxe et du maniement des prépositions en français.

Pour ce qui est des aspects sociolinguistiques, il ressort des résultats que les élèves de l'immersion sont moins capables que les francophones de varier de registre de langue selon les situations (utilisation de marqueurs de politesse, par exemple), tant à l'oral qu'à l'écrit. Cependant, en ce qui concerne les épreuves mesurant la cohésion et la cohérence du discours, leurs résultats se rapprochent de ceux des francophones et peuvent même les égaler (Harley, Allen, Cummins et Swain 1990 : 15-16). Les chercheurs de l'OISE tirent de ces résultats la conclusion suivante : «Du point de vue pédagogique, l'analyse de la compétence [de communication] en composantes différentes permet de diagnostiquer clairement les forces et les faiblesses langagières des élèves de l'immersion» (Harley, Allen, Cummins et Swain 1990 : 16-17 – traduction libre).

Des études plus approfondies des compositions écrites des élèves de 6e année en immersion ont été également conduites (Harley, Allen, Cummins et Swain 1990 : 18). Dans ce cas, il s'agissait de mesurer comment ces élèves utilisaient les verbes en racontant une histoire en français[4]. L'analyse des compositions écrites montre que les élèves de l'immersion utilisent moins souvent que les francophones les verbes courants du français qui marquent simultanément le mouvement et la direction (comme *arriver, descendre, monter, redescendre, rentrer* et *sortir*) (Harley et King 1989 : 426; Harley, Allen, Cummins et Swain 1990 : 21).

Ainsi, la compétence en français des élèves de l'immersion diffère de celle de leurs camarades francophones de plusieurs façons. Leurs connaissances grammaticales, lexicales et socio-linguistiques sont beaucoup plus faibles même si leurs connais-sances des points de vue de la cohérence et de la cohésion du discours se révèlent moins problématiques.

Ces conclusions rejoignent celles de Harley (1984 :57-62) qui, tout en reconnaissant les acquis des élèves de l'immersion à la fin du primaire et au premier cycle du secondaire sur les plans discursif et stratégique[5], constate les limites de leurs connaissances grammaticales en français (erreurs persistantes dans les traits redondants du français, en particulier dans les accords, le genre et certaines formes verbales), et celles de leur compétence sociolinguistique (méconnaissance des distinctions obligatoires entre le *tu* et le *vous*, absence du conditionnel de politesse). Au 15e congrès de l'Association canadienne des pro-fesseurs d'immersion (ACPI), tenu à Montréal, Harley (1991) insiste sur la nécessité pour les enseignants de conduire les élèves de l'immersion à analyser correctement les traits gram-maticaux problématiques du français. Elle donne des exemples

---

[4]   On avait demandé aux élèves de raconter par écrit une courte histoire sur le sauvetage d'un chaton qui ne pouvait plus redescendre du haut d'un arbre. Il fallait commencer ainsi : « C'était un beau dimanche d'été et, sur le balcon de la maison des Dupont, un petit chat dormait tranquillement. Tout d'un coup, trois chiens...»(Harley et King 1989: 437).

[5]   Pour ce qui est de la compétence stratégique, Harley (1984: 61) soutient que les élèves de l'immersion parviennent à compenser leurs lacunes en français en recourant à des périphrases, à des substitutions de mots, au suremploi de formules, à des emprunts à l'anglais ou encore à des gestes.

CHAPITRE 3

précis de productions fautives, dont elle voit la cause dans une absence de réflexion sur la langue. Il s'agit, par exemple :

1. d'erreurs de segmentation du type *j'ai prends*;
2. d'erreurs liées à la confusion des verbes *avoir* et *être* (*j'ai/ tu es/il est*);
3. d'erreurs de genre comme *le raison/un femme*, erreurs qui tendent à irriter les francophones;
4. d'erreurs de vocabulaire, comme *Est-ce que vous savez le temps?*

Harley en tire la nécessité d'un enseignement analytique intégré dans les classes d'immersion.

Enfin, Lyster (1987 : 705) qualifie la langue des élèves de 8e année d'un programme d'immersion en Ontario «d'interlangue fossilisée» très dépendante de l'anglais. Il appuie son diagnostic sur une série d'exemples de productions fautives dues au transfert négatif de la langue maternelle ou à une généralisation excessive des règles morphologiques du français. Ce constat de l'influence marquante de l'anglais sur la langue seconde rejoint celui de Dumas, Selinker et Swain qui, dès 1973 (p. 67-82), remarquaient que les structures syntaxiques employées dans le discours d'élèves de 2e année du primaire à Toronto venaient en grande partie de l'anglais. Lyster conclut son analyse en disant que certains énoncés des élèves de l'immersion ne peuvent être compris que par ceux qui «parlent immersion». Un phénomène similaire est relevé par Thomas (1991) au Pays de Galles, où la langue galloise parlée par les élèves d'une école d'immersion, du nom de Rhydfelen, est qualifiée de *Rhydfelenese* (du «rhydfelenois»).

À la suite du constat des effets limités de l'immersion en français sur l'acquisition d'une compétence grammaticale adéquate par des élèves ayant passé de nombreuses années dans de tels programmes, des efforts sont faits pour suggérer des améliorations dans l'enseignement de la grammaire. Certains chercheurs, par exemple, suggèrent des pratiques et des activités pédagogiques qui se rapprochent de l'enseignement grammatical traditionnel. Ainsi Obadia (1981 : 3-6) propose aux enseignants des procédés pour prévenir et corriger certaines fautes orales en immersion. D'autres comme Harley (1989 : 331-359), Day et Shapson (1991 : 25-58), et Lyster (1993) entreprennent des recherches expérimentales afin de mesurer les effets d'un enseignement fonctionnel de la grammaire. Ces pratiques pédagogiques se fondent sur la distinction faite entre l'apprentissage d'une langue par le biais de son emploi dans un contexte scolaire ou social, c'est-à-dire un apprentissage fonctionnel ou expérientiel, et l'apprentissage d'une langue par l'étude et la pratique d'exercices, soit un apprentissage formel ou analytique (Allen, Swain, Harley et Cummins 1990 : 57). On reviendra dans le sixième chapitre sur ces trois recherches fondamentales pour l'avenir de l'immersion en français.

3. LES CAPACITÉS GÉNÉRALES DE COMMUNICATION EN FRANÇAIS

Quand il s'agit d'analyser les effets de l'immersion sur les capacités générales de communication en français, deux points de vue différents s'opposent. Il y a, d'un côté, le point de vue de ceux qui voient dans l'immersion un moyen de faire atteindre aux enfants un niveau «fonctionnel» de français leur permettant de répondre à des tests en français (Genesee 1987 : 49) et, éventuellement, de viser à un emploi bilingue (Lyster 1990 : 163). Ce niveau de maîtrise de la langue seconde ne doit pas porter atteinte à leur identité anglo-saxonne. De l'autre côté, il y a le point de vue de ceux qui, comme Bibeau (1982) et Singh (1986 : 561), reprochent aux programmes d'immersion de ne pas enseigner une langue en prise directe avec les milieux qui la parlent ou de ne pas développer l'aspect sociolinguistique de la communication. Il est donc nécessaire de toujours avoir à l'esprit cette double interprétation du but visé par l'immersion quand on prend connaissance des évaluations des effets de tels programmes sur les capacités de communication en français.

CHAPITRE 3

3.1 Des évaluations favorables

Lapkin, Swain et Argue (1983 : 11-13) sont d'avis que, même en 2ᵉ année du primaire, les élèves des programmes d'immersion peuvent communiquer facilement et avec naturel avec des enfants francophones de leur âge. C'est aussi l'avis de Genesee.

Genesee (1987 : 47-48), en effet, n'hésite pas à avancer que les élèves de l'immersion précoce font en général preuve de très hauts niveaux de maîtrise fonctionnelle du français. Il avance pour preuve les résultats favorables obtenus, en 1978, par des élèves de 4ᵉ, 5ᵉ et 6ᵉ année d'un programme d'immersion précoce de Montréal aux mesures du niveau de communication orale des élèves de l'immersion. Il se réfère aussi à deux autres séries d'analyses : d'abord celles de Bruck, Lambert et Tucker (1976), ensuite celles de Szamosi, Swain et Lapkin (1979).

Évaluées au moyen d'entrevues conduites par des locuteurs francophones ignorant tout de l'expérimentation (Genesee 1978 : 31-50), les capacités communicatives d'élèves de l'immersion totale et précoce de Montréal, mesurées sur une échelle de 1 (très différent d'un francophone) à 5 (semblable à un francophone) obtiennent des scores allant de 3,65 à 4,61 sur 5. Ce sont des résultats très positifs pour Genesee. Mais un regard attentif aux scores chiffrés donnés par Genesee (1987 : 45) révèle une disparité des capacités commmunicatives qui sont plus fortes chez les élèves de 4ᵉ année (score de 4,61) que chez ceux des 5ᵉ (3,65) et 6ᵉ (3,74) années.

Toujours selon Genesee (1987 : 48), des procédés plus analytiques et plus objectifs sont utilisés par l'équipe de Bruck, Lambert et Tucker en 1976. Ces chercheurs demandent aux élèves de redire une histoire visionnée sur un film fixe juste avant l'épreuve. On évalue ensuite l'organisation des énoncés, la quantité et la qualité des informations transmises. Puis on compare les histoires redites par les élèves de l'immersion à celles d'élèves francophones du même âge. Selon les chercheurs, la plupart des élèves de l'immersion parviennent à transmettre la même qualité et la même quantité d'informations que les élèves francophones.

Enfin, Genesee (1987 : 48-49) rapporte les résultats d'une recherche de deux mois conduite sur deux élèves d'immersion (2ᵉ année) jouant une fois par semaine avec de petits francophones de leur âge. L'analyse des conversations enregistrées révèle, dit Genesee, que les enfants de l'immersion emploient le français avec naturel et facilité et sont capables de plaisanter, de demander des explications et de donner des réponses adéquates à leurs camarades de jeux. Lapkin, Swain et Argue (1983 : 12) reproduisent un extrait de ces conversations entre Irene, la jeune anglophone, et Françoise, la jeune francophone. Elles discutent de l'âge de cette dernière :

Irene : *Quand est ta fête?*

Françoise : *Vingt-sept avril.*

I. : *Ça n... ça va venir très près.*

F. : *Oui!*

I. : *Combien tu as ...? Combien de ans tu as? Quel âge as-tu?*

F. : *Huit ans.*

I. : *Quand est-ce que tu vas avoir neuf ans?*

F. : *Je vais avoir neuf ans l'année...pas cette année mais l'année qui, qui arrivera après, parce que j'ai sept ans.*

I. : *Tu dis que tu es huit ans.*

F. : *Oui, parce que mon anniversaire a déjà passé.*

Il est évident qu'Irene ne maîtrise pas encore complètement la façon de dire en français l'âge de sa camarade en dépit de deux énoncés interrogatifs corrects. Malgré cela, Lapkin, Swain et Argue soutiennent que la fillette n'a pas de difficulté pour dire ce qu'elle veut et que la conversation entre elle et Françoise se déroule naturellement «comme si le français était leur langue maternelle à toutes les deux» (traduction libre). Pourtant, l'avis d'un jeune garçon inscrit en 7ᵉ année d'immersion en dit long sur ses propres capacités communicatives (Lapkin, Swain et Argue 1983 : 11) : «Mon français, je crois, n'est pas assez bon pour l'utiliser avec des francophones dans une conversation pas trop, trop compliquée, pour suivre une émission ou un film français et pour comprendre la plupart des livres français» (traduction libre).

3.2. Des évaluations plus réservées

C'est peut-être Swain et Harley (1978 : 35-79) qui, les premières, ont attiré l'attention des chercheurs sur les faiblesses de la compétence sociolinguistique des élèves de l'immersion en français. Ayant des difficultés à produire des énoncés «appropriés aux différents contextes sociaux d'usage» (Germain 1991 : 30), ils paient ainsi le prix de leur manque de contacts sociaux avec des locuteurs de langue française.

De son côté, Calvé (1986 : 25-26) s'appuie sur Higgs et Clifford (1982) pour soutenir l'existence d'un lien étroit entre le savoir linguistique et le savoir sociolinguistique, c'est-à-dire entre les connaissances grammaticales et les connaissances portant sur les règles d'emploi de la langue, selon l'analyse de Hymes (Germain 1991 : 21-22). Pouvoir communiquer, en effet, n'est pas suffisant; il faut aussi considérer l'objet de la communication ainsi que ses formes. Calvé fustige donc les enseignants qui se contentent d'une compétence de communication au sens très étroit du terme et sacrifient, en son nom, les aspects grammaticaux et sociolinguistiques décrits par Canale et Swain (1980 : 1-47). Après une longue démonstration de l'utilité de connaissances grammaticales, il conclut que la seule présentation de la fonction communicative, au sens le plus étroit, de la langue seconde à des élèves en situation d'apprentissage entraîne forcément des risques de «pidginisation» (réduction et simplification de la langue).

Lyster (1987 : 717) illustre bien ce fait quand il rapporte ce qu'un de ses anciens élèves d'immersion lui a dit, un jour, en le rencontrant dans une école secondaire : «Je sais toi!». Et Lyster d'en conclure : «[...] il est non seulement inexact dans le choix de ses mots et dans l'ordre des mots, mais encore son message ne peut être décodé que par ceux d'entre nous qui ont eu contact avec "ceux qui parlent immersion"» (traduction libre).

B) L'APPRENTISSAGE DU FRANÇAIS DANS LE CADRE DE L'IMMERSION TARDIVE

Selon les résultats des recherches, et d'une manière générale, les effets des programmes d'immersion tardive sur l'apprentissage du français sont du même ordre que ceux de l'immersion précoce. Par exemple, on constate que le français des élèves de l'immersion tardive est bien meilleur, sur tous les plans, que celui des élèves qui suivent des cours de langue dans les programmes traditionnels. Mais la comparaison du rendement des élèves de l'immersion tardive avec celui des élèves de l'immersion précoce semble tourner à l'avantage de ces derniers.

1. LA COMPRÉHENSION AUDITIVE ET LA LECTURE

Si on compare les capacités de compréhension auditive des élèves de l'immersion précoce à celles des élèves de l'immersion tardive, Swain et Lapkin (1986 : 3) soutiennent que les capacités de compréhension auditive des derniers sont inférieures à celles des premiers. Cette évaluation est confirmée par les recherches menées au Nouveau-Brunswick. Ces résultats moins favorables trouvent un écho dans les auto-évaluations que font les élèves. Ceux de l'immersion tardive ont moins confiance que ceux de l'immersion précoce dans leurs capacités à comprendre une conversation, un programme de télévision ou de radio en français. Si on compare cependant les résultats des élèves de 10e année en immersion aux résultats d'autres apprenants de français langue seconde à l'épreuve de compréhension auditive tirée du *Public Service Commission's Language Knowledge Examination* (*400B Series*), Swain et Lapkin (1984 : 3) rapportent que, selon Pawley (1984), ils «atteignent le plus haut niveau possible» (traduction libre).

CHAPITRE 3

Mais Hammerly indique que les résultats des élèves de 10ᵉ année au *Test de français*, rapportés par Pawley, ne montrent aucune différence entre l'immersion précoce et l'immersion tardive en ce qui a trait aux compréhensions orale et écrite (1987 : 15).

En ce qui concerne les capacités de compréhension du français écrit, Swain et Lapkin (1986 : 4) disent que les élèves de l'immersion tardive sont moins bons que ceux de l'immersion précoce. C'est ce que confirment les auto-évaluations des élèves en immersion en ce qui concerne leurs capacités de compréhension de la presse écrite en français. «Quatre-vingt-deux pour cent des élèves de l'immersion précoce et 62 % de ceux de l'immersion tardive disent qu'ils y parviennent avec un peu de difficulté ou sans aucun problème» (p.4 – traduction libre). Toujours selon Swain et Lapkin, les participants aux programmes d'immersion tardive ont des résultats comparables à 30 à 40 % des locuteurs francophones à partir desquels les tests de compréhension écrite ont été standardisés (1984 : 4). Pour ce qui est du test de compétence de la fonction publique mentionné plus haut (*Public Service Commission's Language Knowledge Examination (400B Series)*, les élèves de l'immersion atteignent toujours les scores les plus élevés possibles. En somme, ces résultats sont semblables à ceux de la compréhension auditive.

De son côté, Genesee (1987 : 49) réaffirme que les élèves de l'immersion tardive sont éventuellement capables d'atteindre des niveaux de compréhension semblables à ceux des locuteurs natifs. Il fonde cette affirmation sur les résultats d'une évaluation qu'il a conduite sur des élèves de 9ᵉ année ayant suivi un programme d'immersion tardive. Les scores obtenus au *Test de compréhension de l'écrit* par les élèves qui ont eu deux ans d'immersion (17,71 sur 20) dépassent même ceux du groupe-contrôle francophone (16,05).

Il convient ici de rappeler que Shapson et Kaufman avaient, en 1978 (189-192), publié les résultats d'une recherche entreprise sur un groupe d'élèves de 10ᵉ année de l'immersion tardive comparés à des élèves anglophones et francophones de programmes réguliers (10ᵉ et 12ᵉ année). Les résultats du groupe expérimental au *Test de lecture California*, mesurant le vocabulaire et la compréhension, montraient seulement des différences statistiquement significatives en sa faveur dans l'épreuve de vocabulaire scientifique et dans celle évaluant la capacité de suivre des instructions en français.

2. LA PRODUCTION ORALE ET LA PRODUCTION ÉCRITE

En ce qui concerne la production orale, Swain et Lapkin (1986 : 5) indiquent que la seule différence perçue par des chercheurs de l'Institut d'études pédagogiques de l'Ontario entre l'immersion tardive et l'immersion précoce se situe dans la prononciation des morphèmes grammaticaux. Sur ce plan, les élèves de l'immersion précoce obtiennent de meilleurs résultats que ceux de l'immersion tardive. Swain et Lapkin citent aussi les résultats d'une étude menée à Ottawa révélant que des élèves d'immersion précoce de 10ᵉ année sont capables de produire oralement, avec plus de correction que des élèves issus de classes d'immersion tardive, des énoncés contenant des structures conditionnelles et négatives.

La production orale des élèves des programmes de l'immersion précoce et de l'immersion tardive a été également comparée des points de vue grammaticaux, sociolinguistiques et discursifs. Sur ces aspects, Swain et Lapkin (1986 :5) disent qu'à Ottawa des élèves de 12ᵉ année, issus de l'immersion précoce, ont de meilleurs résultats que ceux venant de l'immersion tardive. Leurs productions se rapprochent du niveau 4 de la grille d'évaluation utilisée, alors que les productions des élèves de l'immersion tardive dépassent un peu le niveau 3. Les critères du niveau 3 sont ainsi décrits : «Production orale toujours un peu inégale comprenant des instants de fluidité se terminant par des hésitations sur le vocabulaire ou sur la construction. Incapable de produire des structures cohérentes dans des énoncés plus longs et plus complexes ou bien dans des situations non familières. Capacité limitée pour donner des informations précises. Vocabulaire limité causant des hésitations, des circonlocutions et des reformulations. Capable de produire des structures élémentaires mais des erreurs apparaissent dans les structures complexes. La prononciation, bien qu'imparfaite, est intelligible. Le message apporte une quantité moyenne d'informations pertinentes, mais n'est pas toujours adapté à la situation et aux auditeurs» (traduction libre). Quant aux critères du niveau 4, ils sont présentés de la façon qui suit : «Production orale généralement aisée, mais avec des exemples d'hésitations et d'arrêts. Seulement quelques erreurs de grammaire. Vocabulaire généralement approprié avec une quantité respectable de mots plus précis. Quelques erreurs d'accent et de prononciation, quelques hésitations. La plus grande partie de l'information pertinente est transmise, ordinairement de façon appropriée» (traduction libre).

En ce qui concerne l'évaluation de la compétence sociolinguistique, l'épreuve consiste à demander aux élèves de l'immersion de faire une demande, de formuler une plainte ou de présenter des suggestions à la vue d'une série de diapositives illustrant une situation et accompagnées de commentaires. Il s'agit, par exemple, à partir de l'image de deux élèves au travail dans une bibliothèque, de demander en français, d'abord à des camarades, ensuite à des adultes, d'y faire moins de bruit. L'épreuve vise à évaluer la capacité à changer de registre de langue. Selon Swain et Lapkin (1986 : 5), les élèves de l'immersion précoce semblent avoir eu tendance à employer une langue convenant mieux à la situation que les élèves de l'immersion tardive (Swain et Lapkin 1986 : 5). Cependant, puisque Swain et Lapkin ne précisent pas, dans la publication de cette analyse, si c'est le cas même dans des situations formelles, leurs conclusions doivent être interprétées avec prudence.

De la même manière, selon Swain et Lapkin (1986 : 5), une évaluation globale (grammaire, vocabulaire, aisance du débit, compréhension et accent) du rendement en français d'élèves d'immersion précoce et tardive de 11e et 12e année à l'entrevue du Foreign Service Institute donne, d'après une recheche de Pawley (1984), des résultats favorables. En effet, ces élèves sont capables de répondre en français à des besoins sociaux routiniers et à des besoins professionnels limités. Hammerly, cependant, fait le commentaire suivant : «Dans ce que je crois être la partie la plus significative de son étude, Pawley rapporte les scores de 41 élèves de l'immersion précoce en français et de 56 élèves de l'immersion tardive en 11e année à l'épreuve de rendement oral (ERO) du Foreign Service Institute (FSI). Les élèves de l'immersion précoce avaient eu environ 6600 heures de contact avec le français, et ceux de l'immerson tardive 3000 heures. L'échelle d'évaluation des capacités orales de l'ERO vont de 0 à 5 avec un plus (+) pour l'évaluation intermédiaire. On obtient un 0 quand on est incapable de fonctionner dans la langue seconde, et un 5 quand on parle comme un locuteur dans sa langue maternelle. Pawley a trouvé que la plupart des élèves de 11e année de l'immersion précoce avaient reçu une note de seulement 2 à 2+ et que les élèves de l'immersion tardive avaient des notes légèrement plus basses» (1987 : 15 – traduction libre). C'est ce qui pousse Hammerly à soutenir qu'un score de 2 à 2+ est le signe que la compétence en français des élèves de l'immersion a atteint un niveau «terminal» parce que, dit-il, «quand ce niveau de production orale est jugé acceptable par l'apprenant, il devient extrêmement difficile de le changer» (1987 : 16).

Pour ce qui touche à l'écrit, Swain et Lapkin rapportent qu'aucune différence n'a été trouvée entre les élèves de l'immersion précoce et ceux de l'immersion tardive, appartenant à des groupes de 10e année de la Saskatchewan, du Nouveau-Brunswick, d'Ottawa et de Toronto, dans diverses épreuves évaluant les aspects grammaticaux, discursifs et sociolinguistiques de leurs productions. Ces résultats sont presque tous confirmés par ceux obtenus pour des élèves de 10e année par le Centre de recherche de la Commission scolaire d'Ottawa en ce qui concerne les aspects grammaticaux (choix de mots, connaissances grammaticales et

CHAPITRE 3

techniques) et discursifs (contenu et idées, organisation). La seule différence perçue à l'avantage des élèves de l'immersion précoce (cet avantage n'étant pas précisé explicitement par Swain et Lapkin, cependant) se situe dans le choix des mots.

Ainsi, la tendance qui se dégage de la revue de ces résultats de recherche est que le rendement en français des élèves de l'immersion précoce est globalement meilleur que celui des élèves de l'immersion tardive en ce qui concerne la compréhension orale, la compréhension de l'écrit et l'expression orale. Pour la production écrite, il semble que les deux groupes soient sur un pied d'égalité.

En conclusion, les avis sur les effets de l'immersion sur l'apprentissage du français en immersion sont très partagés. Pour certains, par exemple, les capacités réceptives des élèves de l'immersion se rapprocheraient de celles des locuteurs natifs, en particulier pour ce qui est de la compréhension du français oral. Mais ce ne serait pas le cas pour la compréhension de l'écrit. Pour d'autres, au contraire, il n'est pas possible de comparer les capacités réceptives des élèves de l'immersion avec celles des locuteurs natifs, d'autant que les tests utilisés sont inadéquats pour mesurer leurs capacités réelles de compréhension. Certes, les élèves de l'immersion comprennent le français qu'ils entendent, mais c'est celui utilisé dans des tests. Néanmoins, les capacités réceptives des élèves de l'immersion sont meilleures que les capacités de production.

Malgré l'enthousiasme de l'équipe de Lambert et Tucker (1972), on s'accorde, en effet, pour reconnaître que les capacités productives des élèves de l'immersion n'atteignent pas celles des locuteurs natifs, mais qu'elles dépassent celles des élèves ayant appris le français dans des programmes traditionnels. Certains chercheurs sont quand même très sévères puisqu'ils parlent de pidgin scolaire à propos de leurs productions. On remet également en question les examens contrôlant le niveau de leur français parce qu'ils ne mesurent que les connaissances linguistiques contenues dans les programmes d'enseignement. D'autres avis sont plus nuancés et mettent l'accent sur les faiblesses des élèves de l'immersion en ce qui a trait à la compétence grammaticale et au vocabulaire. Quelques chercheurs attirent l'attention sur la fossilisation des erreurs et les interférences négatives de la langue maternelle.

Du point de vue des capacités générales de communication en français, les avis sont de nouveau opposés. Si, d'un côté, on soutient que les élèves de l'immersion sont tout à fait capables de communiquer en français, de l'autre côté on déplore les limites de leur compétence sociolinguistique et on condamne un enseignement de la langue seconde limité à une fonction communicative étroite. On recommande donc le développement des aspects sociolinguistiques de la communication.

Enfin, le rendement en français des élèves de l'immersion précoce est globalement meilleur que celui des élèves de l'immersion tardive.

LES EFFETS DE L'IMMERSION SUR LE NIVEAU DE MAÎTRISE DE L'ANGLAIS ET SUR L'APPRENTISSAGE DES MATIÈRES SCOLAIRES

La seconde question que se posaient les chercheurs, les administrateurs et les parents au moment de l'expérimentation de Saint-Lambert (1965-1970) concernait le niveau de développement de l'anglais, langue première. Comme le soulignent, en effet, Lapkin et Swain (1984 : 51), il y avait alors lieu de redouter que le niveau de maîtrise de l'anglais ne souffrît de la place privilégiée accordée à l'enseignement en français dans un programme d'immersion. Les craintes semblaient particulièrement élevées dans les classes du primaire où normalement un jeune enfant apprend à lire et à écrire dans sa langue maternelle. On craignait aussi que l'enseignement en français des matières scolaires fût trop exigeant pour les élèves de l'immersion au point d'en affecter leurs résultats scolaires. Ces résultats pourraient-ils se comparer avec ceux des élèves étudiant ces matières en anglais?

Avant l'analyse de ces résultats, il semble utile de rappeler le protocole de recherche mis en place. Comme le précise Genesee (1987 : 27), le rendement en anglais et les rendements dans les disciplines scolaires des élèves en immersion sont confrontés à ceux d'élèves (comparables des points de vue socio-économiques et intellectuels) dans d'autres programmes, à savoir des élèves inscrits dans des programmes traditionnels donnés en anglais. Dans les régions bilingues, lorsque c'est possible, les rendements d'élèves francophones étudiant en français servent aussi de points de comparaison. Les recherches sont longitudinales, c'est-à-dire étalées sur un certain nombre d'années; elles portent non seulement sur des groupes expérimentaux mais aussi sur des groupes suivant le groupe-témoin; enfin, les recherches sur l'immersion en français sont menées dans des contextes différents (régions de Montréal, d'Ottawa, et de Toronto, Nouveau-Brunswick, Colombie-Britannique). On soumet les élèves de l'immersion à deux types de tests normalisés : des tests de rendement en anglais et des tests de rendement dans certaines matières scolaires (Genesee 1987 : 31-32).

Le présent chapitre passe en revue, dans une première partie, les résultats des recherches relatives au développement de l'anglais chez les élèves des programmes d'immersion en français et, dans une deuxième, ceux touchant aux effets de l'immersion sur le rendement dans les matières scolaires enseignées dans la langue seconde.

A) LES EFFETS DE L'IMMERSION EN FRANÇAIS SUR LE NIVEAU DE MAÎTRISE DE L'ANGLAIS

Étant donné que l'enseignement de l'anglais ne commence pas avant la 3e année dans un programme d'immersion précoce, le rendement en anglais des élèves de l'immersion diffère, dans les premières années, de celui des jeunes anglophones suivant un programme traditionnel où tout l'enseignement se fait dans cette langue. Ensuite, le rendement en anglais des élèves de l'immersion rattrape celui des locuteurs de langue anglaise qui étudient dans cette langue. C'est ce que rapportent Swain (1979 : 20-22) et Snow (1987 : 10). Cette dernière résume ainsi les effets de l'immersion sur la maîtrise de l'anglais : «Les résultats globaux de tests normalisés en langue anglaise indiquent que le rendement des élèves de l'immersion est comparable à celui de leurs camarades unilingues. Au cours des premières années d'un programme d'immersion, on s'attend généralement à un retard dans le rendement puisque les élèves n'ont pas encore été exposés à un enseignement en anglais. Mais ce retard disparaît quand on commence l'enseignement de l'anglais en 2e, 3e ou 4e année, selon le programme» (traduction libre).

On examinera d'abord les résultats rapportés par Lambert et Tucker (1972), puis ceux présentés par Lapkin et Swain (1984), enfin ceux de Genesee (1987).

En ce qui touche aux capacités réceptives des élèves de maternelle et de 1re année des groupes expérimentaux de Saint-Lambert, Lambert et Tucker (1972 : 36-40 et 43) mentionnent qu'ils obtiennent (1967) des résultats nettement inférieurs à ceux des groupes-contrôles de langue anglaise dans des épreuves nécessitant des connaissances lexicales et surtout dans des épreuves de lecture. Cependant, ces mêmes élèves ne diffèrent pas des groupes-contrôles en ce qui concerne la compréhension de l'anglais parlé.

Pour l'année 1968, Lambert et Tucker (1972 : 75) signalent que, malgré un enseignement minimal en anglais, les résultats en lecture et en vocabulaire des élèves de l'immersion de Saint-Lambert rattrapent ceux des groupes-contrôles de langue anglaise. Seuls les résultats en orthographe laissent encore à désirer. En ce qui concerne la compréhension de phrases et de paragraphes en anglais, leurs résultats sont moyens.

L'année suivante (1969), à la fin de la 3e année, Lambert et Tucker (1972 : 117) rapportent qu'avec seulement deux périodes de trente-cinq minutes par jour d'anglais, les élèves du groupe-pilote de Saint-Lambert ont, dans les épreuves du *Metropolitan Achievement Test* mesurant les capacités réceptives, des résultats semblables à ceux des groupes-contrôles de langue anglaise dans tous les aspects de l'anglais à l'exception des règles de ponctuation. Les enfants du groupe-pilote sont également au même niveau que les enfants des groupes-contrôles de langue anglaise en ce qui a trait à la compréhension détaillée de passages en anglais. Genesee (1987 : 36) estime que ces résultats ne sont pas surprenants pour trois raisons. D'abord, les capacités de compréhension orale dans la langue première s'acquièrent surtout à l'extérieur du milieu scolaire. Ensuite, les enfants ont déjà développé cette capacité au moment de leur arrivée dans une école. Enfin, les communications interpersonnelles des élèves d'un programme d'immersion en français continuent de se faire en anglais même au sein de l'école. Les résultats à l'épreuve *Peabody Picture Vocabulary Test*, du même ordre que ceux de la compréhension et favorables aux élèves de l'immersion en français, montrent que la langue première de ces élèves profite largement, par un phénomène de transfert, de l'apprentissage du vocabulaire et de leurs activités pédagogiques en français (Lambert et Tucker 1972 : 117) .

Enfin, pour l'année 1970, les résultats enregistrés aux épreuves du *Metropolitan Achievement Test* pour les élèves du groupe expérimental de Saint-Lambert indiquent qu'ils possèdent aussi bien l'anglais que les groupes-contôles de langue anglaise en ce qui concerne les connaissances lexicales, la discrimination lexicale, la lecture, l'orthographe et la ponctuation. Il n'y a pas non plus de différence entre les deux groupes pour ce qui est de l'épreuve de *Listening Comprehension* et de *Peabody Vocabulary Test*.

En ce qui concerne les capacités de production orale en anglais des élèves de 1re année du groupe expérimental de Saint-Lambert, Lambert et Tucker (1972 : 36 et 40) les trouvent semblables à celles des groupes-contrôles de langue anglaise. Les élèves du groupe expérimental se distinguent, cependant,de ceux des groupes-contrôles en ce qu'ils commettent beaucoup plus d'erreurs grammaticales et que leur débit est moins rapide.

À la fin de leur 2ᵉ année (1968), au cours d'une épreuve de création d'histoires à partir d'une série d'images, la qualité de leur anglais est comparable à celle de jeunes anglophones qui étudient dans leur langue maternelle pour ce qui est du nombre des adjectifs, des noms, et des verbes employés ainsi que du nombre des erreurs grammaticales commises. Le même diagnostic est porté, en 1969, à la fin de la 3ᵉ année. Pour la capacité d'invention d'histoires sans recourir à un modèle, leurs productions sont plus courtes que celles des groupes-contrôles mais aussi complètes et aussi cohérentes (Lambert et Tucker 1972 : 117). Enfin, en 1970, les productions spontanées des élèves de l'immersion sont analysées par un linguiste qui n'y trouve aucune différence par rapport à celles des élèves des groupes-contrôles en ce qui concerne l'expression globale, l'usage grammatical, la correction, l'énonciation, le rythme et l'intonation.

Enfin, Genesee (1987 : 35) rapporte que Lambert et Tucker signalent également que les élèves du groupe expérimental de Saint-Lambert ont des résultats qui dépassent ceux des groupes-contrôles de langue anglaise en ce qui concerne les capacités de communication interpersonnelles, en particulier celles qui leur permettent de mieux répondre aux besoins d'information d'autres locuteurs. Quand, par exemple, on leur demande d'expliquer les règles d'un jeu à des enfants dont les yeux sont bandés, ils prennent soin d'expliquer les éléments constitutifs de ce jeu avant même d'en présenter les règles. Les enfants des groupes-contrôles ne prennent pas cette précaution et ils se comportent comme si leurs interlocuteurs pouvaient voir le jeu en question. Genesee explique que cette sensibilité aux besoins d'autrui vient de l'expérience immersive. En effet, quand on se rend compte que les règles de communication interpersonnelles ne fonctionnent pas dans sa langue première, on devient plus ouvert et plus sensible aux paramètres qui conditionnent la communication.

Pour Lapkin et Swain (1984 : 52-53), également, le développement de l'anglais des élèves de l'immersion précoce et totale en français, dans les toutes premières années du programme, est en retard en ce qui concerne la lecture et l'écriture par rapport à celui des élèves qui étudient uniquement en anglais. Ensuite, dès l'introduction de l'anglais dans le programme d'immersion, en 3e année, d'une manière générale, les élèves de l'immersion ont un rendement comparable à celui du groupe-contrôle anglophone. Elles mentionnent également que dans certains cas, passé la 4e année, le rendement en anglais des élèves de l'immersion en français l'emporte sur celui de leurs camarades du groupe-contrôle de langue anglaise. Lapkin et Swain rapportent les impressions d'une élève de 13 ans d'un programme d'immersion courte de Terre-Neuve : «Ma connaissance du français a, je crois, une heureuse influence sur mon anglais. Au fait, je ne vois pas la nécessité de consacrer tant de temps à la grammaire anglaise quand on apprend la grammaire d'une langue étrangère. Mon anglais s'améliorerait encore probablement s'il m'était donné d'apprendre une autre langue, l'allemand, l'espagnol ou le latin, par exemple» (p. 51).

Le retard en ce qui concerne le rendement en anglais des élèves des trois premières années de deux programmes d'immersion précoce et totale est également mis de l'avant par Genesee (1987 : 34-40) d'après les résultats des recherches de Polich (1974) à Montréal et de Shapson et Kaufman (1977) à Vancouver. Ce retard est manifeste dans les résultats aux épreuves des *Metropolitan Achievement Tests* mesurant la compréhension écrite (lecture), l'orthographe et les connaissances en vocabulaire écrit (connaissances, discrimination et analyse lexicales). Genesee l'explique par l'absence de tout enseignement formel de l'anglais avant la 3e année. Il met aussi l'accent sur les progrès effectués en anglais au cours des trois années par les mêmes élèves d'immersion. En 3e année, ces élèves rattrapent ceux du groupe-témoin de langue anglaise à l'exception des résultats en orthographe. Enfin, Genesee soutient que, selon les résultats des recherches de nombreux chercheurs, ce retard en orthographe anglaise disparaît dès la fin de la 4e ou 5e année, sans réapparaître par la suite.

En outre, Genesee (1987 : 36) rapporte les résultats de recherches portant sur les productions écrites d'élèves de 4e et 6e année de programmes d'immersion précoce en français, recherches conduites à Montréal et à Toronto. Chaque élève devait écrire une narration en anglais devant être évaluée des points de vue de l'orthographe, du vocabulaire, de la ponctuation, de la longueur, de l'organisation, de la correction, de la complexité et de la variété syntaxiques, et enfin de l'originalité. Les évaluateurs étaient des enseignants qui ignoraient quels élèves appartenaient à un programme d'immersion et quels étaient ceux qui participaient à un programme en anglais. Les résultats ont montré que pour la plupart des aspects ci-dessus il n'y avait aucune différence significative entre les deux groupes.

Genesee rapporte également les résultats d'une évaluation conduite par Swain à Ottawa sur des élèves de 3e année de l'immersion précoce. Cette fois, l'évaluation a été faite par des linguistes mesurant avec précision le vocabulaire, les connaissances grammaticales et la créativité. Les évaluations concordent avec celles de Genesee. Les élèves de l'immersion ont un vocabulaire aussi varié que le groupe-contrôle de langue anglaise, font moins d'erreurs lexicales, moins d'erreurs morphologiques, autant d'erreurs de ponctuation et d'orthographe et autant d'erreurs syntaxiques. Enfin, ils se montrent aussi créatifs que leurs pairs (p. 37). Genesee en conclut que le comblement du retard initial en anglais est la caractéristique de tous les élèves de l'immersion précoce, quel que soit le moment de l'introduction de l'enseignement de cette langue dans le programme (en 2e, 3e ou 4e année).

Ce qui est plus intéressant encore, selon Genesee (1987 : 37-38), c'est que l'apprentissage de l'anglais par les élèves qui fréquentent des écoles offrant un enseignement entièrement en français est également comparable à celui d'enfants anglophones après seulement une année d'exposition scolaire à leur langue première. Genesee fait référence à une recherche conduite à Montréal sur des élèves anglophones ayant fréquenté jusqu'en 4ᵉ année une école française. Ce n'est qu'à partir de ce niveau que l'anglais commence à y être enseigné à raison de deux heures et demie par semaine.

Depuis 1988, une recherche longitudinale menée dans la Commission scolaire Lakeshore (banlieue ouest de Montréal) par une équipe de Genesee sur des élèves fréquentant des écoles de langue française de 4ᵉ, 5ᵉ et 6ᵉ année, présente, en ce qui concerne l'apprentissage de l'anglais, des résultats identiques ou même supérieurs aux résultats atteints par les groupes-contrôles de langue anglaise issus d'écoles d'immersion partielle tardive (l'immersion tardive débutant en 4ᵉ année). Il convient aussi de noter que l'apprentissage de l'anglais, que mesurent des tests de rendement, n'est pas meilleur chez des élèves de 3ᵉ et 4ᵉ année de l'immersion partielle, ayant reçu 50 % de leur enseignement dans cette langue depuis la maternelle, que chez des élèves de même niveau de l'immersion précoce et totale. Genesee (1987 : 40) tire donc la conclusion suivante : rien ne permet de soutenir que l'accroissement du temps d'enseignement en anglais pendant les premières années du primaire dans les programmes d'immersion partielle ou d'immersion tardive donne de meilleurs rendements dans cette langue que ceux obtenus dans les programmes d'immersion totale.

Pour Genesee (1987 : 38) comme pour Lapkin et Swain (1984 : 51-52) ou bien Snow (1987 : 10), on pourrait attribuer les effets très positifs de l'enseignement immersif sur l'apprentissage de l'anglais au transfert de certaines capacités du français à l'anglais. «L'aptitude à lire et à écrire, une fois bien établie dans une langue, ne s'étend-elle pas aisément et rapidement à l'autre?» se demandent Lapkin et Swain (p.52). Hakuta (1986 : 218-219) pense, en effet, que même si des recherches expérimentales n'ont pas été conduites pour étudier les caractéristiques de ce type de transfert, son existence ne fait pas de doute. C'est qu'elle est, selon lui, attestée aussi bien par les rapports de recherche canadiens sur l'immersion que par l'expérience des enseignants et des enseignantes dans les programmes américains bilingues. Sur ce point, Genesee (1987 : 38) précise que l'évaluation des effets des programmes d'immersion double à Montréal indique une corrélation plus élevée entre les scores en lecture obtenus en anglais et ceux obtenus en français, langues assez proches l'une de l'autre, qu'entre les scores en lecture obtenus en anglais et ceux obtenus en hébreu, langues très différentes. Il rappelle aussi, malgré l'abondance des controverses qu'elle a provoquées, l'hypothèse de l'interdépendance linguistique de Cummins (1979) soutenant qu'il y a des aspects du développement langagier qui sont communs à plusieurs langues alors que d'autres sont au contraire très particuliers. Les aspects communs à plusieurs langues, notamment ceux qui sont exigeants sur le plan cognitif, comme la capacité de lecture d'un texte universitaire, sont aisément transférables contrairement à ceux comme l'emploi social des salutations, parce que trop particuliers à une langue.

B) LES EFFETS DE L'IMMERSION EN FRANÇAIS SUR L'APPRENTISSAGE DES MATIÈRES SCOLAIRES

Quand des programmes d'immersion en français ont été mis sur pied au Québec et en Ontario, les parents, les chercheurs et les milieux de l'éducation redoutaient les effets négatifs de l'emploi systématique d'une langue seconde comme langue d'enseignement sur le rendement dans les matières scolaires. À cet égard, il suffit de rappeler les préjugés et les évaluations de nature négative de l'éducation bilingue pour ce qui est du développement cognitif (voir le premier chapitre ; Hakuta 1986 : 14-33) et des résultats scolaires (voir le deuxième chapitre) des enfants. Hakuta (1986 : 221) parle également du caractère équivoque des conclusions américaines tirées de l'évaluation de nombreuses recherches concernant le rendement en anglais et en mathématiques des programmes d'éducation bilingue. Afin de trouver une explication à ces craintes ou à ces résultats défavorables, Genesee (1987 : 40-41) rappelle, d'abord, que ces

CHAPITRE 4

études ont été entreprises dans des contextes de bilinguisme soustractif, souvent associés à un sous-développement langagier ainsi qu'à de pauvres résultats scolaires. En revanche, les recherches entreprises dans des contextes de bilinguisme additif montrent les effets positifs de l'éducation bilingue sur le développement langagier et sur les connaissances scolaires. Ces résultats opposés trouveraient ainsi, selon Genesee, une explication dans l'hypothèse des niveaux-seuils de compétence linguistique de Cummins (1976, 1978 et 1979; voir aussi le deuxième chapitre). Plus ce niveau-seuil est bas, plus grands sont, en effet, les risques de voir l'éducation bilingue entraîner des effets négatifs sur le développement langagier et sur les résultats scolaires.

D'une manière générale, l'immersion en français, offerte dans un contexte canadien de bilinguisme additif à des enfants du groupe linguistique majoritaire, a des effets positifs sur les résultats scolaires obtenus dans les diverses disciplines étudiées dans la langue seconde. Genesee (1988 : 29) le dit clairement : «Les élèves qui suivent les programmes d'immersion, quel qu'en soit le type, obtiennent dans les matières scolaires des résultats équivalents à ceux des élèves non inscrits en immersion, même dans les matières qui sont enseignées dans la langue seconde». De son côté, Snow (1989 : 36) soutient que «les résultats d'études comparatives contrôlées tant au Canada qu'aux États-Unis indiquent que les élèves de l'immersion ont, dans les matières évaluées, un rendement équivalent ou supérieur à celui de leurs camarades unilingues» (traduction libre). Genesee (1987 : 41) et Swain (1979 : 22) rappellent les moyens utilisés pour mesurer les connaissances dans les matières scolaires enseignées dans la langue seconde :

1. des tests normalisés de langue anglaise mesurant le rendement en mathématiques, en sciences et en sciences sociales[1];

2. des tests de fabrication locale mesurant surtout le rendement en géographie et en histoire;

3. les résultats des examens provinciaux du Québec dans une variété de matières scolaires, examens obligatoires pour obtenir le diplôme de fin des études secondaires.

Selon Genesee (1987 : 41-42), les résultats en mathématiques des élèves de l'immersion précoce, testés en anglais, en regard de ceux des groupes-contrôles qui étudient dans cette même langue (anglais), montrent que leurs résultats sont aussi bons que ceux des élèves des groupes-contrôles à l'exception des résultats de l'épreuve de résolution de problèmes arithmétiques. Ces résultats ne correspondent pas exactement à ceux enregistrés par Lambert et Tucker (1972).

En effet, pour l'année 1967, à la fin de la 1re année en ce qui concerne le groupe expérimental en immersion de Saint-Lambert, Lambert et Tucker rapportent (1972 : 41-42) que les enfants en immersion ont des résultats semblables à ceux du groupe-contrôle étudiant en anglais à un test administré dans cette langue et mesurant la compréhension de concepts arithmétiques. Selon Lambert et Tucker, des résultats similaires sont obtenus avec un test donné en français et dont les résultats sont comparés à ceux d'élèves qui reçoivent leur enseignement en français. «Ainsi, concluent-ils, le groupe expérimental ne semble pas éprouver de difficultés, en comparaison avec les groupes-contrôles, dans la résolution de problèmes présentés dans les deux langues» (traduction libre).

---

[1] Il convient, cependant, de rappeler ici que Lambert et Tucker (1972: 28-29 et 32) ont utilisé, en 1967, pour mesurer le rendement en arithmétique des élèves de Saint-Lambert, à la fois une épreuve en anglais et une épreuve en français. Une évaluation du rendement en mathématiques dans les deux langues sera reprise à la fin de la 4e année du programme expérimental de Saint-Lambert.

En 1968, à la fin de la 2ᵉ année, Lambert et Tucker rapportent (1972 : 81) des résultats du même ordre. Dans une épreuve de résolution de problèmes administrée en anglais, le groupe expérimental de Saint-Lambert obtient des scores à peu près comparables à ceux de deux groupes-contrôles soumis à un enseignement en anglais. Mais les résultats du groupe expérimental dans des tâches de calcul (additions et soustractions) sont supérieurs à ceux des deux groupes-contrôles qui étudient en anglais. Lambert et Tucker en tirent la conclusion suivante : «Il est frappant de constater que les enfants du groupe expérimental ont été capables, à la fin de la 2ᵉ année, d'assimiler des notions et des procédés mathématiques par le truchement du français sans difficultés apparentes. Dans le cas des problèmes à résoudre, ils semblent être capables d'utiliser aussi facilement les capacités acquises en français alors qu'ils sont testés en anglais. Ce phénomène mérite une étude spéciale» (p.101 – traduction libre).

Le même type de résultats est enregistré à la fin de la 3ᵉ année. «Les enfants du groupe expérimental non seulement paraissent capables d'assimiler des notions mathématiques par le truchement du français, mais ils peuvent encore progresser au même rythme que leurs pairs anglophones» (p. 123 – traduction libre).

Enfin, en 1970, Lambert et Tucker (1972 : 150) rapportent que le rendement en mathématiques a été évalué à la fois en anglais avec des composantes du *Metropolitan Achievement Test*, du *Lorge-Thorndike Test*, et en français avec le *Test de rendement en calcul* de la Commission des écoles catholiques de Montréal. Les résultats sont présentés sous trois rubriques :

1. Aucune différence n'est enregistrée entre les groupes en ce qui concerne les capacités de calcul ou celles de résolution de problèmes.

2. Les élèves de l'immersion ont eu des résultats supérieurs à ceux des groupes-contrôles anglais pour ce qui est du sous-test en mathématiques du *Lorge-Thorndike Test*.

3. Les élèves de Saint-Lambert ont de meilleurs résultats que 50 % des élèves francophones de 4ᵉ année de Montréal en ce qui concerne le *Test de rendement en calcul.*

Genesee (1987 : 42) est d'avis que lorsque les élèves de l'immersion précoce obtiennent de meilleurs résultats à des tests de mathématiques passés en français qu'à un test administré en anglais, ils éprouvent probablement plus de difficultés à lire les éléments d'un problème présenté en anglais qu'à en résoudre les difficultés arithmétiques. En effet, une fois que ces élèves reçoivent une partie de leur enseignement en anglais, ces faiblesses disparaissent, soutient Genesee. Parfois même, certains résultats de tests passés en français dépassent les résultats de ceux du groupe-contrôle francophone. En revanche, les élèves de l'immersion courte ou tardive, ayant longtemps étudié en anglais, leur langue première, obtiennent d'aussi bons résultats en mathématiques quand ils sont testés dans cette langue que ceux du groupe-contrôle qui ont étudié en anglais.

Pour ce qui est des sciences, Genesee (1987 : 42) reprend ce que Swain dit, en 1978, du rendement des élèves de l'immersion précoce en Ontario : il est comparable à celui du groupe-contrôle d'éducation anglaise dans des tests normalisés de sciences. Toutefois, des élèves ontariens de 8ᵉ année de l'immersion tardive ont, au bout d'un an d'immersion en français, obtenu des résultats inférieurs, de façon statistiquement significative, à ceux du groupe-contrôle d'éducation anglaise. Mais cette différence s'est effacée à la fin de la deuxième année dans le programme d'immersion. Selon Swain, les connaissances en français de ces élèves n'auraient pas été suffisantes au moment de commencer leur programme d'immersion, ce qui les aurait empêchés de tirer pleinement profit d'un enseignement offert en français. Genesee dit également qu'une telle différence entre les résultats des deux groupes (immersion et programme anglais) n'a jamais été remarquée au Québec parce que les élèves anglophones y étudient le français entre 20 et 40 minutes par jour dès la maternelle.

CHAPITRE 4

Genesee rapporte également qu'il a étudié les résultats en physique, en chimie et en histoire d'élèves montréalais de l'immersion tardive d'un an aux examens du ministère de l'Éducation pour le diplôme de fin d'études secondaires. Il les a comparés à ceux d'élèves issus de programmes offerts en anglais. Les élèves de l'immersion avaient été testés en français et ceux du programme régulier en anglais. Le rendement des élèves de l'immersion était comparable à celui de leurs camarades inscrits dans des programmes anglais. Genesee parle aussi, mais avec prudence, d'une autre comparaison du rendement d'élèves de l'immersion tardive avec la moyenne du rendement des élèves francophones fréquentant des écoles françaises de toute la province de Québec. Bien que la comparaison de deux groupes, différents en importance numérique et des points de vue géographique, intellectuel et socio-économique, soit hasardeuse, Genesee rapporte que les résultats des élèves de l'immersion dépassent la moyenne provinciale dans les matières scolaires suivantes : histoire, géographie, mathématiques, dactylographie et arts plastiques. Cependant, en 1988, Genesee (1988) précise que les élèves de l'immersion qui ont obtenu des résultats au-dessous de la moyenne font preuve d'un rendement scolaire «conforme à leur capacité et équivalente à celle d'élèves comparables dans le secteur anglais» (p.29).

Dans une présentation orale faite à des enseignants d'histoire dans des programmes d'immersion au secondaire à Montréal, Rebuffot (1981) a rapporté les résultats de l'évaluation, administrée en français, d'un groupe de dix-huit élèves (17 anglophones et un francophone) de 10ᵉ année, ayant étudié avec lui en français dans une école secondaire montréalaise, une synthèse des éléments de l'histoire du Canada. Sur ces dix-huit élèves, dix-sept ont obtenu les crédits dans cette discipline à la suite de leurs résultats à l'examen provincial écrit (Histoire 41 – examens de fin d'études secondaires du Québec, 1973). C'est malheureusement l'élève francophone qui, faute de travail dans la matière et non pour des raisons linguistiques, n'a pas obtenu la note de passage.

Lapkin et Swain (1984 : 54) tirent la conclusion que les élèves de l'immersion précoce (de la maternelle à la 12e année) sont comparables à ceux des groupes-contrôles étudiant en anglais pour ce qui est des mathématiques et des sciences. Parmi les élèves de l'immersion tardive (de la 7e à la 12e année), des retards sont relevés pour la première ou les deux premières années d'un programme en immersion. Mais, ajoutent-elles, si les élèves d'un programme d'immersion tardive ont reçu un enseignement en français depuis la maternelle, le rendement scolaire dans des matières même scientifiques enseignées en français n'accuse absolument aucune différence, même de courte durée.

En conclusion, ce chapitre a permis d'analyser les effets des programmes d'immersion en français sur le développement de l'anglais et sur le rendement scolaire dans diverses matières. Ces effets sont mesurés à partir de tests normalisés administrés en anglais et, dans le cas des matières scolaires, quelquefois en français. Les résultats, en ce qui concerne l'anglais, permettent de dire que l'immersion en français n'a aucun effet négatif sur sa maîtrise telle que mesurée par des tests. On constate, certes, des faiblesses en lecture, en orthographe et dans le vocabulaire chez de jeunes élèves exposés à un enseignement entièrement donné en français. Mais elles sont passagères et tendent à disparaître dès que l'anglais est enseigné dans un programme d'immersion.

En ce qui concerne le rendement dans les matières scolaires, les résultats de diverses évaluations semblent aussi indiquer que les élèves de l'immersion ne souffrent pas d'un enseignement en français des mathématiques, des sciences et de l'histoire. Toutefois, une connaissance insuffisante du français peut affecter temporairement le rendement scolaire des élèves de l'immersion tardive. Dans le chapitre suivant, nous verrons si les programmes d'immersion ont des répercussions psychologiques et sociales sur les enfants et, surtout, s'ils sont faits pour les accueillir tous, y compris ceux qui risquent des échecs scolaires.

CHAPITRE 4

Les effets de l'immersion sur les élèves défavorisés ainsi que ses conséquences sociales et psychologiques

La publication des résultats des effets favorables à l'immersion sur l'apprentissage de la langue première, sur celui des matières scolaires, enfin, d'une façon de plus en plus nuancée au fil des ans, sur celui de l'apprentissage de la langue seconde, a accru sensiblement les demandes des parents pour les programmes d'immersion. On est donc en droit de se demander si des programmes scolaires expérimentaux, initialement mis en place pour des enfants de classes moyenne ou privilégiée, issus de groupes linguistiques majoritaires, maîtrisant leur langue première, et aux aptitudes élevées ou moyennes pour les études, pourraient convenir à des enfants intellectuellement moins doués, aux aptitudes scolaires moins solides, issus de classes sociales moins favorisées, et possédant parfois des troubles du langage.

D'un point de vue plus général que l'apprentissage d'une langue seconde, on est également en droit de poser la question de savoir si les programmes d'immersion peuvent contribuer au développement social et psychologique de tous les enfants qui y souscrivent. Un des objectifs de ces programmes, en effet, vise à promouvoir et à renforcer, chez les élèves de la majorité linguistique anglaise, la compréhension et le respect de la minorité de langue française au Canada. Les élèves de l'immersion contribuent-ils ainsi à l'établissement de liens plus harmonieux entre les deux communautés linguistiques officielles du pays?

Ces questions sont donc l'objet du présent chapitre qui porte sur les effets de l'immersion sur des enfants défavorisés[1]dans une première partie et, dans une seconde, touche à ses conséquences socio-psychologiques.

A) LES EFFETS DE L'IMMERSION SUR LES ÉLÈVES DÉFAVORISÉS

En ce qui concerne les effets de l'immersion en français sur les élèves défavorisés, les recherches les plus connues ont été menées par Bruck (à partir de 1978), par Genesee (à compter de 1976) et par Trites (à partir de 1976), ainsi que par des membres du Groupe de recherche linguistique de McGill autres que Bruck et Genesee (Genesee 1987 : 79-99 et 1991 : 77-93). Wiss (1987 et 1989) a également contribué à l'approfondissement de la question. Les publications ont été nombreuses au point qu'il est impossible de leur rendre justice à toutes. Aussi s'appuiera-t-on surtout, dans cette partie, sur deux synthèses présentées par Genesee : la première est présentée dans son livre *Learning Through Two Languages* (1987); la deuxième vient d'un article paru dans le numéro 82 des *Études de linguistique appliquée* (1991).

Nous examinerons d'abord la problématique entourant la question de l'ouverture de l'immersion à l'ensemble des élèves.

---

[1]   Nous avons hésité sur le terme «défavorisé» qui exclut les élèves surdoués. Calvé (1991 : 13) utilise le terme d'enfants «exceptionnels» incluant ainsi les élèves défavorisés et les élèves surdoués. Cependant, en raison de l'absence de recherches portant sur les enfants surdoués en immersion, nous avons opté pour le terme «défavorisé». La question de la présence d'enfants exceptionnellement doués en immersion est brièvement abordée dans la partie 2.1. du présent chapitre.

Puis nous tenterons de faire le point sur les résultats des recherches entreprises en les groupant autour de cinq grands thèmes : a) l'intelligence et la réussite scolaire; b) les effets de l'immersion sur les enfants ayant des troubles du langage; c) ses effets sur les enfants de milieux socio-économiques défavorisés; d) le contexte géographique et l'appartenance à un groupe minoritaire; e) la question de l'âge.

Les recherches dans ce domaine ont porté sur trois types d'élèves :

1. des élèves ayant un niveau intellectuel au-dessous de la moyenne;

2. des élèves souffrant de difficultés langagières ou de troubles d'apprentissage;

3. des élèves issus de milieux socio-économiques défavorisés.

1. PROBLÉMATIQUE

Dans son livre *Learning Through Two Languages* (1987 : 78-79) ainsi que dans un article sur l'immersion et l'enfance défavorisée (1991 : 77-78), Genesee soutient qu'il faut se demander si un tel programme convient à tous les élèves pour trois types de raisons : théoriques, pédagogiques et morales. Sur le plan théorique, la réflexion sur la pertinence de l'immersion peut aider à comprendre les facteurs contribuant à l'apprentissage d'une langue seconde en milieu scolaire, et plus particulièrement les différences individuelles. Pédagogiquement, elle peut aider à la fois à améliorer l'efficacité de programmes d'études et à combattre le danger de l'élitisme qui guette l'immersion. Enfin, moralement, cette réflexion peut contribuer à mieux voir dans quelle mesure l'immersion sert à répondre aux besoins d'enfants contraints à l'apprentissage de la langue seconde pour survivre économiquement et socialement dans des régions où la langue seconde occupe une place et joue un rôle importants.

CHAPITRE 5

Une autre dimension plus pratique peut, semble-t-il, s'ajouter à ces réflexions. On sait, en effet, qu'un certain nombre d'enfants inscrits dans des programmes d'immersion les abandonnent pour diverses raisons. Par exemple, une étude récente (Waterston 1990 : 48-52), menée au cours de l'année scolaire 1988-1989 auprès de parents de London (Ontario) ayant transféré leurs enfants d'un programme d'immersion au primaire à un programme offert en anglais, révèle que les décrocheurs étaient malheureux en immersion, soit parce que certains y éprouvaient des difficultés d'apprentissage sur lesquelles le milieu scolaire ne se penchait pas, soit parce que le programme d'immersion n'offrait pas, pour d'autres enfants, de défis assez grands. Le phénomène du décrochage en immersion serait donc une indication que ce type de programme n'est pas fait pour tous les enfants (Wiss 1989 : 189).

2. L'INTELLIGENCE ET LA RÉUSSITE SCOLAIRE

On entend couramment dire que les programmes d'immersion en français sont ouverts seulement aux enfants d'un niveau d'intelligence au-dessus de la moyenne. Selon Genesee (1987 : 79), le niveau d'intelligence peut se mesurer aux résultats obtenus dans des tests normalisés de fonctionnement intellectuel. Deux questions sont posées. La première touche aux effets du niveau d'intelligence sur différents aspects du rendement scolaire (développement de la langue première, connaissances des matières et apprentissage de la langue seconde) dans un contexte d'apprentissage immersif. La seconde concerne les effets de l'apprentissage des matières scolaires dans une langue seconde sur l'intelligence.

2.1. Les effets du niveau d'intelligence sur la réussite scolaire en situation d'immersion

En ce qui concerne les effets du niveau d'intelligence sur la réussite scolaire en situation d'immersion, ils ne paraissent pas être négatifs. Genesee rapporte (1987 : 80-81 et 1991 : 78-79) les résultats de ses recherches sur le rendement des élèves en immersion (au primaire et au secondaire) par rapport à leurs capacités intellectuelles. S'appuyant sur les résultats obtenus à un test d'intelligence normalisé par des élèves de 9 à 11 ans en immersion précoce et totale (de la 4e à la 6e année), ainsi que des élèves de 12 à 16 ans en immersion tardive partielle (de la 7e à la 11e année), il a d'abord classé ces derniers dans trois groupes : moyens, au-dessus de la moyenne et au-dessous de la moyenne. Ensuite, Genesee leur a fait passer des épreuves d'anglais, de mathématiques et de français, langue seconde.

Leurs résultats ont été comparés à ceux d'élèves de même âge et de même niveau, inscrits dans un programme régulier, offert en anglais, dans la même commission scolaire. L'hypothèse était que les élèves les moins intelligents, que ce soit en immersion ou dans un programme régulier, obtiendraient de moins bons résultats que les plus intelligents.

En ce qui concerne l'anglais et les mathématiques, les élèves classés dans la catégorie «au-dessous de la moyenne» ont obtenu des résultats inférieurs à ceux des élèves «moyens», aussi bien en immersion que dans un programme régulier. Les résultats comparés des élèves «moyens» et des élèves «au-dessus de la moyenne» ont été du même type. Genesee fait, en outre, la remarque suivante : «Il est encore plus intéressant de noter que les notes des élèves subnormaux aux cours d'immersion (précoce ou tardive) n'étaient pas très différentes de celles des élèves subnormaux aux programmes dispensés en anglais» (1991 : 79). Il en tire cette conclusion : puisque les élèves «au-dessous de la moyenne» en immersion obtiennent des résultats à peu près semblables à ceux des élèves du même groupe dans un programme offert en anglais, un programme d'immersion en français n'a pas d'effets négatifs tant sur le développement de la langue première que sur l'apprentissage des mathématiques de cette catégorie d'élèves.

CHAPITRE 5

Pour ce qui est de l'apprentissage du français langue seconde, la batterie de tests comprenait des épreuves mesurant
aussi bien les compétences linguistiques exigées par les études
scolaires (compréhension de l'écrit, connaissances grammaticales, production écrite) que celles requises par la communication
interpersonnelle en classe (compréhension de la langue parlée et
production orale). Comme attendu, les élèves d'immersion,
classés dans la catégorie «au-dessus de la moyenne», ont eu de
meilleurs résultats que ceux des élèves «moyens» qui, à leur tour,
ont surpassé les élèves «au-dessous de la moyenne» dans des
épreuves mesurant les capacités de lecture et d'écriture ainsi que
les connaissances grammaticales. Cependant, les élèves «au-
dessous de la moyenne» ont obtenu, en compréhension du
français oral, des résultats aussi bons que ceux des élèves
classés dans la catégorie «au-dessus de la moyenne». En outre,
Genesee précise que des évaluateurs de langue maternelle
française n'avaient pas été capables de distinguer les énoncés
oraux des élèves «au-dessous de la moyenne» de ceux de leurs
camarades «au-dessus de la moyenne». Il semble donc que
l'acquisition des capacités de compréhension et d'expression
orales ne soit pas liée au niveau d'intelligence, bien que le soit
celle des capacités de lecture et d'écriture (Swain 1984 : 47).
Enfin, parmi les élèves des classes d'immersion partielle tardive,
ceux classés dans la catégorie «au-dessus de la moyenne» ont
obtenu de meilleurs résultats que les élèves «moyens» et «au-
dessous de la moyenne», tant pour l'expression orale et la
compréhension de la langue parlée que pour la lecture, la
production écrite et les connaissances grammaticales. Ainsi,
chez ces élèves plus âgés, le niveau d'intelligence semble très lié
«à tous les types de compétences en langue seconde, y compris
la communication interpersonnelle» (Genesee 1991 : 79).

Selon Genesee (1987 : 82), ces résultats sont dans la lignée
de ceux rapportés par d'autres chercheurs qui soutiennent que
l'intelligence n'est pas le seul facteur ni le facteur le plus

important pour prédire le rendement en langue seconde. Les travaux de Gardner (1986) ainsi que ceux de Bruck (1985 a : 39-61 et 1985 b : 101-120) montrent que l'attitude, la motivation et le comportement envers le milieu scolaire peuvent aussi influer sur l'apprentissage de la langue seconde. Genesee (1991 : 81) rappelle, en particulier, quatre conclusions tirées des travaux de Bruck :

1. les difficultés d'apprentissage ne constituent pas un facteur suffisant pour prédire l'abandon dans un programme d'immersion;

2. en revanche, les difficultés d'apprentissage peuvent entraîner des troubles affectifs et comportementaux qui annoncent plus directement l'abandon dans un programme d'immersion;

3. les difficultés d'apprentissage et les troubles en résultant ne sont pas caractéristiques des seuls programmes d'immersion en français; ils apparaissent aussi dans les programmes réguliers;

4. ces difficultés et ces troubles ne paraissent pas liés à un manque d'appui chez les parents.

Il en découle que si des mesures palliatives ne sont pas prises par le milieu scolaire et par les parents, le transfert d'un élève en dehors d'un programme d'immersion ne fait pas nécessairement disparaître ces difficultés ni ces troubles.

Avant de passer à la question des effets de l'immersion sur l'intelligence, il convient de soulever ici la question de la présence d'élèves surdoués dans des programmes d'immersion. On désigne ainsi les enfants aux capacités d'étude et de réussite scolaire exceptionnellement bonnes. Certains de ces enfants, en effet, une fois maîtrisés les éléments de la langue seconde nécessaires à la réussite scolaire, ne trouvent plus les programmes d'immersion assez stimulants pour eux et réclament un enrichissement du programme d'études. Smith et Leroux (1989 :204) définissent

CHAPITRE 5

l'enrichissement comme l'addition soit de disciplines, soit de domaines d'apprentissage au programme d'études régulier, addition permettant de maintenir l'intégration des élèves surdoués dans la classe. Genesee (1987 : 98-99) et Calvé (1991 : 13) déplorent que ces enfants soient, la plupart du temps, laissés à eux-mêmes dans les classes d'immersion, bien que l'enrichissement des programmes soit urgente. Waterston constate, de son côté, que lorsque leurs capacités exceptionnelles ne sont pas prises en compte, ils abandonnent l'immersion (Waterston 1990 : 50). Smith et Leroux (1989 : 212-213), enfin, signalent qu'il existe peu de ressources pertinentes et intéressantes pour la population scolaire surdouée en immersion. Les enseignants n'ont, d'ailleurs, ni le temps ni la formation adéquate pour élaborer du matériel pédagogique favorisant l'auto-apprentissage chez des élèves surdoués.

2.2. Les effets de l'apprentissage de la langue seconde en immersion sur le niveau d'intelligence

On a déjà fait allusion dans les deux premiers chapitres aux controverses ayant entouré la question des effets de l'éducation bilingue sur le développement intellectuel et sur la réussite scolaire. Rappelons que les conclusions des travaux mettant l'accent sur leurs effets négatifs s'opposent à ceux soulignant leurs effets positifs. Baker (1988 : 16-20) insiste tout particulièrement sur les apports décisifs de la recherche de Peal et Lambert (1962) qui a fait avancer la cause des avantages du bilinguisme. En effet, pour la première fois, on ne discutait plus seulement des conséquences du bilinguisme en relation avec le niveau intellectuel, mais on en parlait en termes de capacités cognitives. Être bilingue, en effet, pouvait présenster quatre avantages :

1. la possession d'une plus grande souplesse mentale;

2. la capacité de penser avec un degré d'abstraction plus grand, celle-ci étant moins liée aux mots;

3. l'accès à un environnement biculturel plus riche, ce qui aurait des effets bénéfiques sur le niveau intellectuel;

4. enfin, la capacité d'un transfert positif entre les langues bénéfique pour l'intelligence verbale.

Genesee rappelle également les efforts de Cummins (1976, 1977 et 1979) dont la théorie des niveaux-seuils de compétence linguistique permet de concilier des points de vue opposés (voir le deuxième chapitre). Il précise aussi (1991 : 82) que les recherches sur les effets de l'immersion en français démontrent que ce type d'enseignement ne nuit pas nécessairement à la réussite scolaire des enfants si, comme on l'a dit précédemment, ces derniers appartiennent au groupe linguistique majoritaire et si le but de l'enseignement immersif est un bilinguisme additif. En revanche, Genesee ajoute un élément nouveau à cette analyse quand il signale les résultats des effets de l'immersion en français sur l'acquisition de l'anglais. En effet, reprenant les conclusions d'une recherche longitudinale et comparative, conduite dans la banlieue ouest de Montréal et ayant touché, entre autres, aux effets de trois programmes d'immersion en français[2] sur l'acquisition de l'anglais par de jeunes anglophones, il soutient que l'anglais des élèves ayant fréquenté l'école française surpasse celui des élèves ayant suivi des programmes plus traditionnels d'immersion en français. «Ces constatations réfutent la thèse selon laquelle le bilinguisme a un effet négatif sur la langue et sur les études. Elle donne [...] créance à l'hypothèse de Cummins voulant qu'il existe un seuil de maîtrise de la langue qui peut avoir des conséquences avantageuses» (Genesee 1991 : 82).

---

[2] La comparaison portait sur l'acquisition de l'anglais et du français dans trois situations immersives différentes : une école fonctionnant entièrement en français dans une commission scolaire anglophone, un programme d'immersion précoce totale et un programme d'immersion tardive partielle, les deux offerts dans la même commission scolaire anglophone que l'école française.

3. LES EFFETS DE L'IMMERSION SUR LES ENFANTS SOUFFRANT DE TROUBLES DU LANGAGE

Les enfants qui, avant leur scolarisation, souffrent de troubles du langage ont souvent du mal à avoir un rendement scolaire comparable à celui d'enfants qui n'en souffrent pas. La raison en est qu'une grande partie de ce qui s'apprend dans le milieu scolaire est transmis par la langue et que la langue elle-même y devient objet d'apprentissage (lecture et écriture). Quand l'enseignement est offert dans une langue seconde en situation d'immersion, par exemple, on est en droit de s'attendre à ce que la réussite scolaire de tels enfants soit encore plus affectée.

Les troubles du langage chez des enfants scolarisés, en bonne santé et d'un niveau d'intelligence normal, issus de milieux familiaux sans tensions, peuvent se manifester par la lenteur des progrès en langue première, tant sur le plan de la compréhension que sur celui de la production. Selon Trites et Moretti (1986 : 12), ces troubles du langage pourraient être dus, dans le cas des enfants dans un programme d'immersion, à un retard de maturation des lobes temporaux, région cérébrale qui semble jouer un rôle important dans l'apprentissage de la langue.

3.1. Les recherches de Trites

À titre de membre du laboratoire neuropsychologique de l'Hôpital royal d'Ottawa, Trites a eu l'occasion de se pencher plusieurs fois, à compter de 1973, sur les troubles d'apprentissage d'enfants du primaire inscrits dans divers programmes d'immersion (Ottawa Roman Catholic School Board et Carleton Roman Catholic Separate School Board). Les deux premières études (1976 et 1977) détectent, à partir des résultats donnés par un test psychomoteur complexe connu sous le nom de *Tactual Performance Test* (TPT)[3]. en particulier chez des enfants

---

[3] On demande à l'enfant, dont les yeux sont bandés, de replacer des blocs de forme et de couleurs variées dan un tableau pré-moulé, d'abord à l'aide de la main dominante, puis avec l'autre main, enfin avec les deux (Genesee 1987 : 86 – traduction libre).

de moins de neuf ans, du primaire en immersion, un ensemble de déficits indiquant un retard dans le processus cérébral de maturation. Une troisième étude longitudinale étalée sur sept ans débute au cours de l'année scolaire 1976-1977 afin d'identifier les enfants risquant d'échouer dans un programme d'immersion en français au primaire, au moyen d'une série de tests psychométriques connus sous le nom de *Early Identification Assessment Battery*. Trites tire de ses études plusieurs conclusions :

1. il conseille, par exemple, de ne pas placer en immersion, avant l'âge de neuf ans, les enfants obtenant de mauvais résultats au TPT;

2. il constate que les enfants qui abandonnent l'immersion ont de moins bons résultats au test psychomoteur TPT que les enfants qui restent en immersion;

3. il recommande que les enfants identifiés par le *Early Identification Assessment Battery* soient transférés d'un programme d'immersion pour être inscrits dans un programme offert en anglais.

Critiquant les interprétations que Trites tire de ses données, Genesee fait le constat (1987 : 89) qu'elles ne concordent pas avec celles que lui-même tire de ses propres recherches ou avec celles de Bruck, à savoir que les enfants peu doués pour les apprentissages scolaires ou bien ayant des troubles du langage progressent, en immersion, au rythme et dans les limites que ces difficultés leur imposent. La position de Wiss (1989 : 190) est plus nuancée. Elle admet l'existence probable d'un sous-groupe d'enfants unilingues de langue anglaise n'ayant pas la maturité suffisante sur les plans cognitif et langagier pour suivre un programme d'immersion précoce en français. Mais elle soutient aussi que les preuves de cette existence sont encore minces et qu'il n'existe pas encore de méthodes scientifiques valides pour les identifier.

CHAPITRE 5

3.2. Les recherches de Bruck

Bruck (1982 : 45-60) examine, de son côté, la réussite scolaire d'enfants ayant des troubles du langage et inscrits en immersion précoce totale. Elle l'a comparée à celle d'enfants fréquentant un programme offert en anglais. Chaque année, pendant six ans, elle a donc fait passer, d'abord en octobre, un test pour identifier les enfants présentant des troubles du langage, et, à la fin de l'année scolaire, une batterie de tests d'anglais, de français et de mathématiques afin de suivre les progrès des élèves.

Les résultats révèlent que, pour les deux programmes scolaires (immersion et régulier), les enfants avec des troubles du langage réussissent moins bien que leurs camarades qui n'en possèdent pas. Cependant, les enfants ayant des troubles dans un programme d'immersion semblent progresser à un rythme semblable à celui qu'ils auraient connu s'ils avaient été inscrits dans un programme dispensé en anglais. En ce qui concerne l'apprentissage du français, ces mêmes élèves acquièrent des connaissances suffisantes pour être capables de suivre l'enseignement dans cette langue, dans les limites imposées par leurs difficultés. Bruck tire donc la conclusion que de tels enfants peuvent profiter d'un enseignement immersif qu'on ne doit pas leur interdire uniquement parce qu'ils possèdent des faiblesses dans leur langue première. Enfin, Bruck constate que les enfants avec des troubles du langage font davantage de progrès dans des programmes d'immersion que dans des programmes-cadres de français langue seconde. En effet, parce qu'elle privilégie l'enseignement indirect de la langue seconde par le truchement des matières scolaires, l'immersion paraît tirer parti de l'aptitude naturelle des enfants à apprendre une langue. En revanche, l'enseignement traditionnel du français langue seconde dans le programme-cadre, dans la mesure où l'accent y est mis sur les structures, sur les règles de fonctionnement et sur les formes de la langue, solliciterait surtout les faiblesses des enfants qui possèdent des troubles du langage.

3.3. Les analyses de Wiss

Wiss (1987 et 1989), tout en critiquant la problématique et la méthodologie des recherches de Trites sur le manque de maturation cérébrale de certains jeunes enfants, soutient que le fait de ne pas avoir encore de moyens scientifiques valables pour les identifier ne doit pas masquer leur existence. Elle qualifie les déficiences de ces enfants de «manque de maturation développementale», entendant par là que «leurs capacités cognitives et langagières ne sont pas développées adéquatement pour répondre aux exigences d'un environnement scolaire bilingue. Tant que des données empiriques prouvant l'existence de ce sous-groupe (d'enfants) ne sont pas disponibles, il est utile, sur les plans pratique et théorique, de recourir à l'étude d'enfants individuels» (1989 : 190 – traduction libre).

À partir d'études de cas, Wiss (1989 : 200-201) tire donc une série de conclusions. D'abord, dit-elle, compte tenu de la nature complexe du cerveau humain et de sa capacité pratiquement illimitée pour l'apprentissage, l'existence d'enfants incapables d'apprendre une langue seconde est peu vraisemblable. À cet égard, le milieu scolaire et les méthodes d'enseignement jouent un rôle déterminant. Ensuite, il semble que l'immersion précoce ne soit pas l'idéal pour des enfants souffrant d'un retard de maturation développementale. L'immersion tardive, enfin, ou bien encore un programme de français-cadre ne paraissent pas appropriés pour des enfants souffrant de troubles d'apprentissage précis. «Il est important, écrit-elle, de ne pas conseiller aux enfants ayant des troubles d'apprentissage d'abandonner l'immersion précoce car un tel programme représente leur seule chance de devenir bilingues. Cependant, il est aussi important d'identifier tôt les enfants qui risquent de ne pas profiter de l'immersion et de leur offrir d'autres moyens pour devenir bilingues» (1989 : 201 – traduction libre).

CHAPITRE 5

4. LES EFFETS DE L'IMMERSION SUR LES ENFANTS DE MILIEUX SOCIO-ÉCONOMIQUES DÉFAVORISÉS

Bien qu'ouverts, en principe, à tous les enfants, la majorité des programmes canadiens d'immersion accueillent surtout des enfants de milieux socio-économiques moyens ou favorisés. On s'est donc posé la question de savoir s'ils conviendraient à des enfants de milieux socio-économiques défavorisés. Genesee (1987 : 94-95 et 1991 : 84-86) rapporte les résultats des recherches conduites par le Groupe de recherche linguistique de McGill sur les effets de programmes d'immersion précoce totale sur des enfants issus de ces milieux. Le niveau de statut socio-économique des enfants était déterminé en appliquant l'échelle de Blishen (1958) évaluant le métier du père, sa scolarité et le revenu familial. L'objectif de ces recherches était de comparer le rendement, en anglais et en mathématiques, d'enfants issus de milieux ouvriers, inscrits en immersion, à celui d'enfants de milieux semblables mais suivant, au primaire, un programme en anglais. Leur rendement était également comparé à celui d'enfants francophones de même niveau scolaire et de milieux socio-économiques identiques. Les résultats rapportés par Genesee indiquent que le rendement scolaire en anglais, en mathématiques et en français des enfants de milieux socio-économiques défavorisés sont semblables à ceux des autres enfants inscrits dans des programmes d'immersion. Par exemple, le rendement en anglais des élèves de ces milieux inscrits dans un programme d'immersion en français était moins bon que celui d'enfants ayant reçu un enseignement scolaire en anglais. Mais, dès que l'enseignement de l'anglais était introduit dans les programmes d'immersion, leurs résultats étaient aussi bons que ceux du groupe-contrôle.

Genesee, cependant, émet des réserves sur la validité des recherches portant sur les effets de l'immersion sur ces enfants canadiens de milieux socio-économiques défavorisés. Il leur reproche de ne pas avoir examiné les effets à long terme de l'immersion et de ne pas avoir réussi à inclure dans leur échantillon des enfants représentant vraiment les classes les plus désavantagées des milieux urbains. C'est pour cette raison que Genesee mentionne les recherches entreprises par le Groupe de recherche linguistique de McGill sur des enfants américains de milieux urbains défavorisés suivant un programme d'immersion (en français ou en espagnol) précoce partielle à Cincinnati (Ohio) au sein d'une école «magnet». Il ressort de ces recherches que les enfants de la classe ouvrière inscrits en immersion ont obtenu d'aussi bons résultats aux tests d'anglais, de mathématiques et de sciences que les enfants ayant reçu leur enseignement tout en anglais. Pour ce qui est du français, les résultats des enfants du programme d'immersion de la maternelle à la 3e année ont été aussi bons, en ce qui concerne les tests de compréhension de la langue orale et de production orale, que ceux des élèves également en immersion mais issus de milieux socio-économiques moyens. En revanche, les enfants de la classe moyenne ont eu de bien meilleurs résultats aux tests de lecture en français que ceux des classes défavorisées. Genesee en tire la conclusion suivante : «[...] l'acquisition de la compétence à la communication interpersonnelle non scolaire ne dépend pas de différences personnelles liées à la classe sociale, tandis que l'acquisition du savoir-lire et du savoir-écrire dans une langue seconde en dépend. [...] En général, donc, l'immersion précoce partielle en une langue étrangère s'est révélée comme représentant un enseignement viable et efficace, au niveau primaire, pour les enfants défavorisés au point de vue socio-économique, qui, sans cela, auraient pu risquer l'échec scolaire» (1991 : 85 et 86).

5. L'IMMERSION, LE CONTEXTE GÉOGRAPHIQUE ET L'APPARTENANCE À UN GROUPE MINORITAIRE

On a vu, dans le premier chapitre, que les programmes canadiens d'immersion, initialement conçus et mis sur pied pour l'apprentissage du français, l'une des deux langues officielles du pays, se sont progressivement élargis pour permettre soit l'enseignement de langues patrimoniales dans les régions où se concentrent des contingents importants et influents d'immigrants et de descendants d'immigrants (allemand, arabe, mandarin, hébreu, ukrainien), soit l'enseignement des langues autochtones (cri, mohawk et inuktitut). Les programmes d'immersion en langues autochtones, en particulier, soulèvent la question de savoir s'ils conviennent à des enfants issus de milieux ethniques minoritaires qui, sans eux, courraient le risque d'échecs scolaires à cause d'un modèle d'enseignement nord-américain, mais d'inspiration européenne et, par là, mal adapté à leur culture.

À ce propos, Genesee (1991 : 87) mentionne l'existence d'une évaluation systématique du programme d'immersion en mohawk dans la communauté de Kahnawake[4] au sud de Montréal. Il en ressort que les enfants de 3e année (immersion totale) obtiennent de moins bons résultats aux tests d'anglais que les enfants mohawks de même âge et de même niveau fréquentant des programmes dispensés en anglais. Mais, dès que l'anglais est introduit dans le programme d'immersion, les enfants mohawks de 4e année obtiennent d'aussi bons résultats que les enfants mohawks suivant un programme scolaire en anglais, à l'exception de l'utilisation des majuscules et de l'orthographe. En outre, «des comparaisons non officielles avec le rendement d'enfants d'un groupe majoritaire qui suivent un programme d'immersion précoce totale en français, dans la région de Montréal, font penser que les élèves mohawks apprennent moins bien à lire l'anglais sans enseignement scolaire de [la] lecture en anglais» (1991 : 87). En ce qui concerne les mathématiques, les enfants mohawks en immersion obtiennent, aux tests normalisés passés en anglais, des résultats semblables à ceux d'élèves ayant suivi un programme en anglais. Enfin, pour ce qui est du mohawk, langue d'enseignement, on pense que les enfants atteignent un niveau fonctionnel. Genesee précise, cependant, que les compétences dans cette langue n'ont pas été officiellement évaluées (1991 : 88).

---

[4] La communauté de Kahnawake offre un programme d'immersion totale et précoce en mohawk de la maternelle à la 3e année, puis un programme d'immersion partielle (50 % en anglais et 50 % en mohawk) de la 4e à la 6e année.

6. LES EFFETS DE L'IMMERSION SUR DES APPRENANTS D'ÂGE DIFFÉRENT

On s'interroge depuis longtemps sur l'influence de l'âge sur l'apprentissage soit de la langue première, soit de la langue seconde. Par exemple, en ce qui concerne la langue première, nous avons mentionné dans le deuxième chapitre les théories de la plasticité cérébrale et du calendrier biologique, théories remises en question de nos jours. À ce sujet, Harley (1992 : 328-330) commente un ouvrage récent de Singleton (1989) sur le facteur de l'âge dans les processus d'acquisition de la langue. Elle rappelle qu'en dépit de la grande quantité d'exemples empiriques illustrant une séquence d'étapes langagières liées à l'âge, il est difficile de trouver dans le recensement des recherches présenté par Singleton des preuves soutenant la notion d'une période critique se terminant aux alentours de la puberté et favorisant l'acquisition de la langue. Selon Harley, Singleton en vient à conclure que l'acquisition de la langue première est un processus de longue haleine qui débute à la naissance et se poursuit jusqu'à un âge avancé. En outre, il n'est pas possible de faire la démonstration de l'existence d'une détérioration inévitable et globale des capacités langagières chez des adultes âgés.

Pour ce qui est d'une langue seconde, il faut distinguer les effets de l'âge sur les étapes de l'acquisition de ceux de l'âge sur son rythme et son rendement (Ellis 1985 : 105-106). L'âge ne semble pas modifier les étapes de l'acquisition d'une langue seconde. En ce qui concerne le rythme de cette acquisition, Ellis soutient que plus on est âgé, mieux on apprend une langue seconde. Ce point de vue général est tempéré par plusieurs précisions. D'abord, ce sont les adolescents qui semblent progresser le plus rapidement quand on les compare aux jeunes enfants et aux adultes. Ensuite, le facteur de l'âge ne joue que pour ce qui est de la morphologie et de la syntaxe. En outre, plus long est le temps d'exposition à une langue seconde, plus on a de chances de se rapprocher de la compétence d'un locuteur natif. Enfin, il semble bien que ce ne soit pas tellement le nombre d'heures d'apprentissage qui compte le plus, mais plutôt l'intensité de l'exposition à une langue (Genesee 1987 : 58). Une période critique semblerait donc exister pour la langue seconde. Ce dernier point de vue d'Ellis est également celui de Singleton (1989), tel que rapporté par Harley dans les termes qui suivent (1992) : «Tout en étant sceptique devant ceux qui soutiennent que plus on est jeune, mieux on apprend les traits phonético-phonologiques de la langue, il [Singleton] présente des arguments en faveur d'un avantage à long terme pour ceux qui commencent tout jeunes l'apprentissage d'une langue seconde» (Harley 1992 : 329 – traduction libre).

Selon Genesee (1991 : 89), ces aspects théoriques de la question de l'âge dans l'apprentissage d'une langue seconde ont des répercussions sur les prises de décision pédagogiques. En effet, quand une administration scolaire doit choisir entre l'implantation d'un programme d'immersion précoce avec de jeunes enfants et celle d'un programme d'immersion tardive avec des enfants plus âgés, le problème du rendement de tel ou tel programme dans l'apprentissage de la langue seconde doit être examiné. Ces préoccupations sont aussi celles des parents. C'est pourquoi les recherches ayant comparé la réussite en langue seconde des enfants ayant suivi un programme d'immersion précoce et celle d'enfants ayant participé à un programme d'immersion tardive sont importantes. Genesee signale, cependant, un certain nombre de facteurs dont il faut tenir compte pour interpréter les résultats. En comparant, par exemple, les enfants de l'immersion précoce et ceux de l'immersion tardive, on doit constater que les premiers ont eu plus longtemps des contacts avec la langue que les seconds. Ensuite, quand on compare des enfants qui ont passé, à l'école, le même temps à étudier le français, ils peuvent avoir des âges différents au moment de l'évaluation de leurs compétences. Il convient ici de citer les résultats de la recherche de Harley (1986 : 53-124) qui a établi une comparaison entre le système verbal utilisé par de jeunes enfants en immersion précoce et celui d'enfants plus vieux inscrits en immersion tardive. Les deux groupes avaient été exposés à la même quantité d'heures d'enseignement de français langue seconde, soit un total de 1000 heures. Les enfants plus âgés ont eu un taux de réussite supérieur à celui des enfants plus jeunes en ce qui concerne le maniement oral du système verbal français (Harley 1986 : 88). Les élèves de l'immersion peuvent également avoir suivi des programmes d'immersion où différaient soit la proportion d'enseignement en français, soit la méthodologie de l'enseignement immersif.

Cependant, Genesee (1991 : 90) précise que, toutes choses égales, les enfants plus âgés sont capables de réussir en français aussi bien ou même mieux que les enfants moins âgés. Quand les enfants plus âgés ont de moins bons résultats, c'est qu'ils ont reçu moins d'heures d'enseignement dans la langue seconde. «L'avantage apparent des apprenants plus âgés de la langue seconde est peut-être dû à leur plus grande maturité d'esprit, à leur motivation, ou à un transfert constructif d'un système de langue première déjà bien établi. De toute façon, il est évident que l'immersion en langue seconde [...] peut donner de bons résultats avec des apprenants d'âge divers et, de fait, contrairement à l'attente générale, peut être aussi efficace, dans certains cas, avec des apprenants plus âgés qu'avec des apprenants jeunes» (1991 : 90).

B) LES CONSÉQUENCES SOCIALES ET PSYCHOLOGIQUES DE L'IMMERSION

Selon Genesee (1987 : 100 - 101), la mise en place des programmes d'immersion en français au Canada visait plusieurs buts sur le plan social comme sur le plan psychologique. Sur le plan social, outre l'amélioration de la connaissance de la langue seconde chez les Canadiens de langue anglaise, on espérait développer chez eux des attitudes plus positives que par le passé non seulement envers le français mais aussi envers les Canadiens francophones. Sur le plan individuel, on pensait que les programmes d'immersion, favorisant l'apprentissage de la langue seconde, permettraient aux enfants de mieux entrer en

CHAPITRE 5

contact avec des francophones (enseignants, camarades de classe, représentants du milieu), d'agir ensuite sur leurs stéréotypes et de développer ainsi une plus grande ouverture d'esprit. On nourrissait, enfin, l'espoir que l'acquisition d'une langue seconde influerait sur la prise de conscience des caractéristiques de l'identité ethnique des deux principales communautés linguistiques canadiennes.·

Genesee (1987 : 100-115 et 1990 : 96-107) regroupe autour de trois thèmes le sommaire des résultats des recherches sur les effets sociopsychologiques de l'immersion en français :

1. les attitudes des élèves envers l'immersion;
2. le bilinguisme, l'identité ethnique et les perceptions entre les groupes;
3. l'emploi de la langue seconde dans un environnement bilingue.

1. LES ATTITUDES DES ÉLÈVES ENVERS L'IMMERSION

Genesee (1987 : 101-103 et 1990 : 96-97) rapporte que les résultats des recherches démontrent que les élèves de l'immersion ont une attitude très positive envers ce type de programme. Il a, par exemple, sollicité l'opinion de trois groupes d'élèves sur leurs programmes respectifs (1978) : des enfants de 6e année (immersion totale et précoce), des élèves de 11e année (immersion tardive et totale d'un an), enfin des élèves de mêmes niveaux dans un programme-cadre de français langue seconde. Genesee rapporte la grande satisfaction des élèves de l'immersion à l'égard de leur programme et leur désir de le recommander à d'autres membres de leurs familles. À partir d'une échelle de 1(très satisfait) à 7 (très peu satisfait), le jugement moyen des élèves de l'immersion précoce se chiffrait à 1,55, celui des élèves de l'immersion tardive à 1,72. Ce degré de satisfaction correspond à celui rapporté par Lambert et Tucker (1972 : 200) chez les enfants de 5e année des groupes immersifs expérimentaux de Saint-Lambert, alors que les groupes-contrôles des programmes-cadres se montraient très peu satisfaits de leur enseignement en français. Des résulats similaires sont présentés par Swain et Lapkin (1982) chez des enfants en immersion en Ontario, et par l'équipe de chercheurs Cziko, Lambert, Sidoti et Tucker (1980) à l'issue d'une étude rétrospective des impressions laissées par l'immersion sur les anciens sujets de l'expérience de Saint-Lambert. Un certain nombre de ces derniers se sentaient même capables de travailler en français et exprimaient le désir de continuer leurs études dans cette langue (Genesee 1990 : 97).

2. LE BILINGUISME, L'IDENTITÉ ETHNIQUE ET LES PERCEPTIONS ENTRE LES GROUPES

La langue sert souvent à définir l'identité d'un peuple. C'est particulièrement vrai au Canada. Il suffit de s'en référer, par exemple, au préambule de la *Charte de la langue française* (1977) du Québec : «Langue distinctive d'un peuple majoritairement francophone, la langue française permet au peuple québécois d'exprimer son identité.» Comme il a été mentionné dans le deuxième chapitre sur les assises théoriques de l'immersion, c'est Lambert (1977 et 1981 : 12-14) qui a, le premier, émis l'hypothèse que les conséquences sociopsychologiques du bilinguisme et du biculturalisme dépendent de la valeur et du respect accordés par la société aux langues et aux communautés en question. Ainsi, l'apprentissage d'une langue seconde par les membres d'une communauté linguistique majoritaire, comme celle des jeunes Canadiens de langue anglaise, conduit à un bilinguisme et à un biculturalisme additifs qui ne peuvent porter atteinte ni à leur langue première ni à leur culture.

Genesee (1987 : 104-105 et 1990 : 102) rapporte que les recherches conduites[5] dans le milieu scolaire sur l'identité ethnique des jeunes Canadiens anglophones confirment l'hypo-

---

[5] On demandait aux élèves d'évaluer la similarité d'une série de quatorze concepts sur les plans personnels et ethniques d'après une échelle allant de 1 (très semblable) à 9 (très différent). Ces concepts étaient du type suivant: *moi-même, Canadien anglais, Canadien français, Québécois, Américain*, etc.

thèse du bilinguisme additif de Lambert. En effet, il soutient que «les perceptions sociales des élèves des programmes d'immersion en français [sont] identiques à celles de leurs camarades inscrits à des programmes réguliers en anglais [...]» (traduction libre). Les deux groupes s'identifient, en effet, comme Canadiens de langue anglaise. Les élèves de l'immersion, cependant, ont tendance à percevoir davantage de similarité entre les Canadiens de langue anglaise et ceux de langue française. Ils tendent aussi à percevoir en eux plus de points communs avec les Canadiens francophones que leurs camarades qui étudient en anglais. Ainsi, parler la langue d'un autre groupe contribuerait à rapprocher deux communautés linguistiques. Genesee ajoute, cependant, la remarque suivante : ces perceptions ne sont que des perceptions de similarité et de différence; elles ne signifient pas nécessairement que ces élèves ont des attitudes plus positives envers les Canadiens de langue française. Mais leur importance réside dans le fait qu'elles peuvent contribuer à l'amélioration des communications entre les groupes et, à long terme, à l'établissement d'attitudes plus positives.

Selon Genesee (1987 : 105-106 et 1990 : 103-104), les recherches portant sur les attitudes des élèves inscrits dans des programmes d'immersion en français ont donné des résultats plus complexes que celles sur l'identité ethnique. Les recherches menées sur les attitudes de ceux et celles qui apprennent une langue seconde ou une langue étrangère démontrent l'importance de leurs effets sur le rythme et le succès de cet apprentissage. Lambert et Tucker (1972 : 154-177), ayant évalué les attitudes des élèves de l'immersion et celles d'élèves de programmes réguliers vis-à-vis d'eux-mêmes, autant chez des Canadiens anglophones que chez des Canadiens francophones, consacrent tout un chapitre à cette question dans leur ouvrage sur l'expérience de Saint-Lambert. Genesee résume ainsi leurs évaluations. Les jeunes enfants de l'immersion des toutes premières années du primaire se jugeaient plus favorablement que les

enfants suivant des programmes réguliers. En outre, ils jugeaient plus favorablement les Canadiens francophones. À la fin
du niveau primaire, cependant, les différences entre les élèves de
l'immersion et ceux des programmes réguliers n'étaient presque
plus perceptibles. «Ainsi, les élèves de l'immersion en français
faisaient initialement preuve d'attitudes plus favorables envers
les Canadiens francophones; mais, par la suite, leurs attitudes
ressemblaient à celles de leurs camarades des programmes
réguliers» (Genesee 1990 : 103 – traduction libre).

Genesee tente (1990 : 103-104) d'expliquer le changement
dans les attitudes des enfants inscrits dans des programmes
d'immersion à l'égard des Canadiens de langue française de deux
façons. En premier lieu, il suppose que la longue série de
tensions linguistiques entre les Canadiens anglophones et francophones, depuis les premiers programmes d'immersion expérimentaux de 1965, ne favorise ni l'apparition ni le maintien
durable de sentiments favorables parmi les représentants des
deux groupes. Mais c'est surtout l'absence de contacts sociaux
entre les élèves de l'immersion et les Canadiens de langue
française qui semble ne pas favoriser, chez les premiers, la
persistance et la consolidation d'attitudes positives à l'égard des
seconds. On a souvent remarqué, en effet, que les enfants qui
fréquentent un programme d'immersion coexistant avec un
programme donné en anglais dans la même école, au sein d'une
communauté majoritairement anglophone (par exemple, dans
l'ouest de l'île de Montréal, encore de nos jours), établissent
rarement des contacts sociaux pouvant les amener à employer
naturellement le français avec des francophones en dehors du
milieu scolaire. Pourtant, ce genre d'attitude évolue lentement,
au Québec du moins, où la maîtrise du français parlé permet à
certains jeunes anglophones de s'intégrer à des groupes francophones au cours d'activités sociales (Tainturier 1988 : B5).
Genesee souligne donc l'importance du contexte social dans
lequel les programmes d'immersion sont offerts.

CHAPITRE 5

3. L'EMPLOI DE LA LANGUE SECONDE DANS UN ENVIRONNEMENT BILINGUE : ATTITUDES ET MOTIVATIONS DES ÉLÈVES DE L'IMMERSION

Il est difficile de savoir si les enfants participant à des classes d'immersion ou étant sortis de programmes d'immersion en français utilisent leur langue seconde et, si oui, dans quelles circonstances. Les données sur l'emploi d'une langue peuvent provenir d'observations dans le milieu, d'enregistrements dans une situation sociale précise, de questionnaires, d'entrevues ou encore de journaux personnels où sont consignées par écrit, systématiquement et pendant plusieurs jours, les occasions, les fréquences, les raisons de l'emploi. En particulier, quand il s'agit de rendre compte de son propre emploi d'une langue, on risque ou bien de le surestimer ou de le sous-estimer, ce qui rend souvent aléatoires les conclusions tirées de ce type de collectes de données (Nelson et Rebuffot 1984 : 367). C'est, cependant, la tenue d'un journal personnel que Genesee (1978b; 1981) a retenue pour évaluer l'emploi du français, langue seconde, par des enfants de 6e année en immersion à Montréal (1987 : 106-108 et 1990 : 98-99). On avait demandé à leurs parents de faire la même chose ainsi qu'à des élèves fréquentant un programme offert en anglais. Les trois groupes devaient identifier la langue utilisée, et préciser avec quels interlocuteurs, pour combien de temps et pour quelles raisons.

Contrairement aux élèves suivant un programme régulier en anglais, les élèves de l'immersion ont rapporté qu'ils se sentaient, en général, à l'aise et confiants quand ils employaient le français avec des francophones. Au cours d'entrevues personnelles, les enfants en immersion ont cependant exprimé l'avis que leur français, appris dans le milieu scolaire, ne correspondait pas exactement à la langue utilisée dans la vie quotidienne ou dans la vie professionnelle. Genesee tire de ces auto-évaluations la conclusion qu'il est nécessaire d'enrichir les programmes d'immersion en français d'activités parascolaires susceptibles d'offrir aux élèves des occasions d'emploi naturel de la langue.

Les comptes rendus personnels des enfants en immersion indiquaient aussi, selon Genesee (1990 : 99), qu'ils utilisaient le français plus volontiers, quand on leur adressait la parole dans cette langue, que les enfants suivant un programme en anglais. De même, ils indiquaient qu'ils évitaient moins souvent que leurs camarades anglophones les situations où le français avait des chances d'être employé (magasins, métro, autobus). Mais, précise Genesee, il y avait aussi des situations où les élèves inscrits en immersion évitaient presque toujours le français : il s'agissait de l'écoute de programmes de radio ou de télévision, du visionnement de films ou de l'assistance à des spectacles donnés en français.

Genesee qualifie donc la façon dont les élèves de l'immersion utilisent le français de *réactive* parce qu'ils semblent hésitants à rechercher activement des situations d'emploi de la langue : «Regarder la télévision en français, écouter la radio francophone, assister à des spectacles ou à des films donnés dans cette langue demandent la détermination active d'un choix personnel. [En revanche] l'utilisation du français dans un magasin, dans un restaurant, dans l'autobus, pour répondre au personnel francophone requiert une certaine bonne volonté et la capacité de s'adapter aux choix linguistiques d'autrui. Cela ne met pas nécessairement en jeu une initiative personnelle» (Genesee 1990 : 99 – traduction libre). Genesee signale enfin que les parents des enfants participant à des classes d'immersion faisaient preuve des mêmes comportements que leurs enfants, d'où l'idée que les habitudes linguistiques parentales peuvent influer considérablement sur celles des enfants. Maguire (1987 : 48; 1989 : 665-680) déplore aussi que les jeunes élèves de l'immersion qu'elle a interviewés avouent ne pas s'intéresser à la vie socioculturelle du Québec.

Il convient de rappeler ici le commentaire de Cleghorn et Genesee (1984 : 621) sur ce qui semble pousser bien des élèves de l'immersion à l'apprentissage et à l'emploi du français. Leur motivation semble être plus instrumentale qu'intégrative, selon la classification de Gardner et Lambert (1972 : 132), c'est-à-dire plus liée à la réussite scolaire, et éventuellement sociale, qu'au désir d'être aimé et accepté par les membres de l'autre groupe linguistique.

C'est l'intérêt de savoir comment les programmes en immersion affectent leurs participants sur le plan de l'emploi de la langue française et sur celui des attitudes qui a motivé la recherche entreprise par un groupe de chercheurs de la région d'Ottawa. En effet, Wesche, Morrison Ready et Pawley (1990 : 430-451) rapportent que 103 étudiants universitaires de première année, fréquentant quatre universités (Ottawa, Carleton, Queens et McGill) et issus soit de programmes bilingues, soit de l'immersion précoce ou tardive, se montrent tout à fait capables de comprendre du français oral ou écrit dans un environnement universitaire. Ils sont, toutefois, moins confiants dans leurs capacités de production orale et écrite. Ces étudiants sont également très désireux d'utiliser le français et d'améliorer leur compétence. La recherche révèle aussi que, malgré ce désir, leur degré d'utilisation du français est bas, que ce soit dans les salles de cours ou dans le milieu social.

En ce qui concerne l'esprit de tolérance à l'égard de l'emploi de la langue seconde, Genesee et Bourhis (1982) rapportent que les élèves de l'immersion de la région de Montréal ne semblent pas en avoir davantage que les élèves des programmes réguliers (Cleghorn et Genesee 1984 : 621). Pourtant, en 1988, une enquête du quotidien montrélais *La Presse* (Tainturier 1988 : B5) indique que des élèves d'une classe d'immersion en français du nord-ouest de Montréal ne remettent pas en question la place du français au Québec. Mais un grand nombre d'entre eux avouent en même temps n'apprendre le français que pour se trouver un emploi.

Rappelons, enfin, qu'une étude ethnographique de Cleghorn, menée à Montréal sous le deuxième gouvernement du Parti québécois, dans une école de langue anglaise offrant un programme d'immersion précoce et un programme régulier, révèle que le comportement langagier des enseignants en dehors des salles de classe est le reflet des tensions de la société de l'époque et n'encourage pas l'harmonie sociale que l'immersion espérait susciter. En effet, les enseignants de langue française (immersion) et de langue anglaise (programme régulier), afin de minimiser les conflits interpersonnels et de préserver l'image d'un groupe professionnel harmonieux, évitent de se parler entre eux et utilisent l'anglais dans des réunions où ils se retrouvent ensemble (Cleghorn et Genesee 1984 : 595).

Pour conclure, ce chapitre a permis de faire le point sur les effets de l'immersion sur plusieurs catégories d'apprenants défavorisés :

1. ceux ayant un niveau intellectuel au-dessous de la moyenne;
2. ceux souffrant de troubles du langage;
3. les élèves issus de milieux socio-économiques défavorisés;
4. les enfants venant de milieux ethniques minoritaires;
5. et les apprenants d'âges différents.

Le phénomène du décrochage et la décision des parents qui n'optent pas pour les programmes d'immersion paraissent démontrer que ces derniers ne sont pas faits pour accueillir tous les enfants. D'ailleurs, outre l'immersion, les parents canadiens ont une variété de programmes scolaires à leur disposition à travers le pays pour l'apprentissage du français langue seconde : des programmes de français de base qui offrent un total moyen de 1200 heures d'enseignement du français langue seconde de la 4ᵉ à la 13ᵉ année, comme c'est le cas en Ontario; mais aussi des programmes dits «intensifs» ou «enrichis» quand, outre l'enseignement du français comme discipline, au moins une matière scolaire est enseignée dans cette langue (Poyen 1985 : 244).

Le niveau d'intelligence ne semble pas être le seul facteur, ni le plus important, pour prédire le rendement en langue seconde. L'attitude, la motivation ainsi que le comportement à l'égard de l'école jouent également un rôle. D'ailleurs, les résultats de tests normalisés montrent que les enfants dont le niveau intellectuel est au-dessous de la moyenne ne souffrent pas de participer à des programmes d'immersion en ce qui concerne le développement de leur langue première, l'apprentissage des mathématiques, la compréhension et la production du français parlé. En revanche, le niveau intellectuel semble avoir des effets sur l'acquisition et le renforcement des capacités de lecture et d'écriture en français langue seconde. Enfin, il est urgent que des mesures d'enrichissement des programmes soient prises pour répondre aux élèves surdoués qui fréquentent des classes d'immersion en français.

Pour ce qui est des difficultés d'apprentissage et des troubles affectifs et comportementaux qui les accompagnent, il ne semble pas qu'il suffise de sortir un enfant de l'immersion pour que tout cela disparaisse. Il paraît essentiel aussi que des mesures palliatives et curatives soient prises concurremment par les parents et par le milieu scolaire.

En ce qui concerne les troubles du langage, les chercheurs ne sont pas d'accord sur la pertinence des programmes d'immersion. Si certains croient que l'immersion risque d'aggraver ces troubles, d'autres soutiennent qu'elle n'empêche pas de progresser, dans la mesure de leurs moyens, les enfants qui en souffrent. En tout état de cause, vu la capacité d'apprentissage quasi illimitée du cerveau humain, il est peu vraisemblable de rencontrer des enfants qui démontrent une incapacité totale d'apprentissage vis-à-vis de la langue seconde.

Pour ce qui est des enfants issus soit de milieux socio-économiques défavorisés, soit de milieux ethniques minoritaires, les programmes d'immersion peuvent représenter un milieu d'apprentissage efficace, même si l'origine de ces enfants ne favorise pas le développement des capacités de lecture et d'écriture.

Il semble, enfin, que la durée et, plus encore, l'intensité de l'exposition à une langue seconde favorisent son apprentissage. Par conséquent, si les programmes d'immersion différents offrent un total d'heures d'enseignement du français égal ou comparable, ils peuvent donner de bons résultats sur des élèves d'âges différents.

Ce chapitre a également analysé les grandes lignes des effets sociaux et psychologiques des programmes d'immersion. Les recherches démontrent que les élèves qui ont fréquenté ces programmes ont une attitude positive à leur endroit. Elles révèlent aussi que les effets positifs de l'immersion sur les enfants appartenant au groupe majoritaire confirment l'hypothèse de l'existence d'un bilinguisme additif, même si leur identité socioculturelle d'anglophone n'est pas profondément affectée et si leur motivation reste souvent du type instrumental. Les recherches sur les attitudes des élèves de l'immersion sont plus complexes. Elles montrent une évolution allant d'attitudes favorables à l'égard des Canadiens francophones au début de l'immersion précoce à des attitudes moins favorables en fin de programme. C'est comme si, au fur et à mesure de leur cheminement dans le programme, la plupart des enfants de l'immersion, prenant davantage conscience de leur identité culturelle, et tout en ressentant une certaine affinité avec les francophones, répondaient de plus en plus aux pressions des milieux auxquels ils appartiennent.

Pour ce qui est de leur compétence en français, les élèves de l'immersion rapportent que, s'ils se sentent, en général, à l'aise et confiants quand ils emploient le français avec des francophones, leur français reste une langue scolaire correspondant assez mal à la langue utilisée dans la vie quotidienne ou dans la vie professionnelle. Ils indiquent aussi que, s'ils utilisent volontiers le français quand on leur adresse la parole dans cette langue et font souvent l'effort de parler français dans les magasins, le métro ou l'autobus dans les régions où le français domine, ils ne se servent pas de cette langue dans leurs activités culturelles. Ils reproduisent ainsi les modèles que leur offrent leurs parents ou, parfois, le comportement de certains enseignants.

Les effets sociaux et psychologiques de l'immersion en français au Canada sont complexes, variables et dynamiques. Les buts à long terme de l'expérimentation de Saint-Lambert étaient, certes, de susciter des changements sociaux. Mais il est aussi possible de voir dans l'établissement de programmes d'immersion le fruit de forces socioculturelles en pleine mutation. On peut ainsi parler d'interaction constante entre les changements sociaux et les effets des formes canadiennes de l'éducation bilingue.

L'IMMERSION AU CANADA :
L'HEURE D'UN DEUXIÈME SOUFFLE

Quand il s'agit de dresser un tableau objectif de l'enseignement immersif au Canada, la difficulté est grande. C'est que la
question est très vaste et embrasse un ensemble complexe de
facteurs différents et d'intérêts parfois divergents. Les uns voient
dans l'immersion en français un instrument efficace pour permettre aux Canadiens de langue anglaise de relever le défi du
bilinguisme officiel du pays (*Langue et société* 12, 1984). Certains
soulignent l'originalité et le succès des réponses des milieux de
l'enseignement aux demandes soulevées par ce bilinguisme tout
en laissant paraître une inquiétude pour le maintien à long terme
des bienfaits de l'immersion canadienne (Genesee 1988 : 28).
D'autres, enfin, bien qu'admirant les mérites d'une expérience
pédagogique courageuse, constatent qu'elle n'a que très partiellement tenu la promesse de rendre les anglophones canadiens
«totalement et de façon durable» bilingues. Parmi les objectifs
visés par l'immersion, on déplore l'insistance des parents anglophones à veiller à ce que l'apprentissage du français n'affecte en
rien l'identité et la culture canado-anglaises de leurs enfants,
comme si la langue française et les valeurs qui s'y rattachent ne
faisaient pas partie de l'identité canadienne. On demande donc
de poursuivre les études sur la rentabilité pédagogique de
l'immersion (Lebrun 1988 : 33).

Devant ces divergences d'opinions et aussi à cause des bouleversements que l'immersion a apportés non seulement dans les milieux scolaires mais aussi dans divers niveaux de la société canadienne, il a semblé nécessaire, dans cet avant-dernier chapitre, de brosser, d'abord, un tableau général des difficultés rencontrées par l'idée de l'éducation bilingue sur le plan sociopolitique et des pistes parfois entrevues pour tenter d'y remédier. Ensuite, on analysera certains problèmes et certaines incidences de l'immersion sur les plans de son implantation et de son fonctionnement pour mieux comprendre les suggestions d'amélioration qui sont parfois présentées. Enfin, dans une dernière partie, nous verrons comment certaines considérations théoriques, certains principes méthodologiques et certaines pistes de recherche touchant à l'immersion peuvent être révisés, redéfinis et réorientés afin de permettre à l'immersion d'avoir un deuxième souffle.

A) LES DIFFICULTÉS SOCIOPOLITIQUES RENCONTRÉES PAR L'IMMERSION AU CANADA

L'établissement d'un bilinguisme institutionnel au Canada, en 1969, touchant progressivement les fonctionnaires fédéraux, les forces armées et l'enseignement des langues officielles avait pour but de répondre aux tensions historiques engendrées par la dualité ethnolinguistique ainsi qu'aux inégalités résultant de ces tensions (voir le premier chapitre). Jusque-là, en effet, les enfants canadiens étudiaient le français comme une matière scolaire, tel qu'ils le font toujours dans leur grande majorité. Cependant, la décision de soutenir l'enseignement dans la langue de la minorité et les programmes d'immersion en français devait entraîner des coûts supplémentaires dont le gouvernement fédéral accepta alors d'assumer la responsabilité. Il fut également décidé de financer l'enseignement de la langue seconde afin d'encourager les gouvernements provinciaux à multiplier et à améliorer leurs programmes. À ces fins furent établis d'abord le Programme du bilinguisme en éducation, puis le

Programme des langues officielles dans l'enseignement (voir le premier chapitre) pour encourager non seulement l'enseignement dans la langue de la minorité mais également celui de la langue seconde. Des ententes bilatérales entre le gouvernement fédéral et les provinces et territoires canadiens furent donc signées et renouvelées périodiquement. En 1983, un protocole fut établi entre le gouvernement du Canada et les gouvernements provinciaux et territoriaux par l'entremise du Conseil des ministres de l'Éducation du Canada.

Ce protocole et ces ententes constituent donc aujourd'hui des accords officiels qui reconnaissent publiquement l'aide financière fédérale en faveur du bilinguisme officiel. Selon les termes du protocole, par exemple, Ottawa s'engage à attribuer des fonds selon quatre catégories de dépenses :

1. les dépenses d'infrastructure pour les programmes et les services existants;
2. celles encourues pour l'élaboration et le développment de programmes;
3. celles causées par la formation et le perfectionnement des enseignants;
4. enfin, les dépenses d'aide aux étudiants.

Pendant les trois premières années du protocole (1983-1986), des contributions de près de 600 millions de dollars ont été versées (Peat, Marwick et Associés et Churchill 1987 : II.1-4). Bien que, depuis 1978-1979, on ait assisté à une «réduction des niveaux d'appui financier réel pour le Programme des langues officielles dans l'enseignement» (Peat, Marwick et Associés et Churchill 1987 : V.6), l'État fédéral assume donc la responsabilité politique et financière de la promotion et du développement du bilinguisme canadien.

Or, cette promotion et ce développement ne sont à l'abri ni des gestes politiques ni des critiques. On a vu, par exemple, comment le Québec a rejeté officiellement toute politique de bilinguisme institutionnel au niveau provincial en adoptant la *Loi sur la langue officielle* (1974) et la *Charte de la langue française* (1977) qui font du français la langue officielle de la province. Malgré l'aide financière fédérale en faveur de l'enseignement en français, langue minoritaire dans l'ensemble canadien, le ministère de l'Éducation du Québec (MEQ) a, à partir de 1969, longtemps donné l'impression de ne pas vouloir reconnaître l'existence officielle de programmes d'immersion en français dans les commissions scolaires de langue anglaise de la province. Ce n'est qu'à l'automne de 1990 que le MEQ annonce, par exemple, des mesures de soutien pédagogique en vue d'améliorer la qualité de l'enseignement du français langue seconde, y compris celle de l'enseignement en français dans des classes d'immersion (Gouvernement du Québec : ministère de l'Éducation 1990 : 7-8). En outre, il n'existe toujours pas au Québec de reconnaissance officielle d'aptitude à l'enseignement pour les enseignants des classes d'immersion. Ainsi, l'option de trente crédits universitaires pour la formation en enseignement en immersion (primaire ou secondaire) de l'Université McGill ne peut pas modifier la nature du diplôme d'enseignement sanctionnant la fin des études de premier cycle soit des généralistes, soit des spécialistes de français langue seconde[1].

Les critiques à l'égard de la promotion du bilinguisme officiel portent également sur ses coûts élevés. En acceptant, par exemple, d'offrir des programmes d'immersion, les commissions scolaires de langue anglaise au Québec ont pris l'engagement public, tout en maintenant des programmes réguliers en anglais, d'améliorer l'apprentissage du français langue seconde. Elles soulignent donc les coûts d'un tel engagement dont elles ne peuvent plus aujourd'hui se démettre (Henchey et Burgess 1987: 90). Sur le plan des coûts

---

[1] L'option de trente crédits en question (connue sous le nom de Programmes intensifs de français) est offerte soit à l'intérieur d'un Baccalauréat pour l'enseignement du français langue seconde, soit au sein d'un Baccalauréat pour l'enseignement général au primaire. La sanction des études ministérielle ne reflète que le champ d'enseignement indiqué par le type de baccalauréat obtenu.

généraux du bilinguisme officiel, on dénonce aussi la cherté et la relative inefficacité de la formation linguistique des fonctionnaires fédéraux. Sur la scène politique fédérale, certaines figures politiques en viennent même à promettre, si elles sont portées au pouvoir, de faire disparaître le bilinguisme institutionnel canadien (Boiziau-Waverman 1991 : 50). Ces personnes comptent ainsi obtenir un avantage électoral des sentiments négatifs qui se développent dans quelques milieux anglophones à l'égard du bilinguisme officiel et de l'éducation bilingue. À cet égard, les pressions de l'Alliance pour la préservation de l'anglais au Canada[2] en sont une illustration.

Enfin, de 1987 à 1992, les discussions constitutionnelles canadiennes ont également engendré de telles tensions qu'on est en droit de se demander si elles ont affecté l'intérêt public pour l'immersion. Deux écoles de pensée divergent à ce sujet. D'un côté, on ne peut pas s'empêcher de constater, devant les échecs successifs des pourparlers constitutionnels au Canada[3], que les

---

[2] Le groupement appelé *Alliance for the Preservation of English in Canada* (APEC), dont le siège est à Toronto, plaide en faveur des points suivants : 1. que l'anglais soit la seule langue officielle du «Dominion du Canada» à l'exception du Québec; 2. que l'anglais et le français soient les langues utilisées dans les débats parlementaires à Ottawa et à Québec, ainsi qu'à la Cour suprême du Canada et dans les tribunaux du Québec; 3. que la *Loi sur les langues officielles* de 1988 et la fonction de commissaire aux langues officielles soient abolies; 4. que les Canadiens soient libres de recourir à la langue de leur choix partout au Canada (affaires, activités sociales et vie religieuse) [Chaikoff 1991 : Annexes – traduction libre].

[3] Le rejet par les provinces du Manitoba et de Terre-Neuve de l'*Accord du lac Meech* (23 juin 1990) reconnaissant le caractère distinct de la société québécoise au sein du Canada, ainsi que la non-ratification par voie référendaire de l'entente dite de Charlottetown (26 octobre 1992) par une majorité de Canadiens, Québécois compris, recommandant toute une série de changements constitutionnels, dont certains devaient permettre le ralliement du Québec à la Constitution, pourraient être perçus comme un échec des effets sociaux de l'éducation bilingue. Cependant, on pourrait également souligner que seules deux provinces sur dix rejetèrent l'*Accord du lac Meech*. De même, l'*Entente de Charlottetown* comportait tant de propositions constitutionnelles qu'il peut paraître hasardeux d'attribuer son rejet à un manque de respect et de compréhension entre anglophones et francophones.

programmes d'immersion n'ont pas réussi, au fil des ans, à améliorer profondément les tensions entre les deux groupes linguistiques. Après vingt-cinq années de diffusion et de promotion au Canada, les programmes d'immersion en français n'auraient réussi à développer parmi les Canadiens anglophones ni une meilleure compréhension ni un respect plus profond de la langue et de la culture des Canadiens francophones. Inversement, on ne pourrait pas dire non plus que le succès de popularité de l'immersion en français parmi les Canadiens anglophones a permis de développer chez les Québécois francophones plus de respect et de compréhension envers les anglophones.

D'un autre côté, le groupe Canadian Parents for French soutient que les événements politiques n'ont pas de prise sur l'immersion. En effet, le choix des parents canadiens pour tel ou tel programme d'enseignement de la langue seconde se fonderait plus sur les avantages offerts à leurs enfants que sur les analyses politiques concernant l'unité canadienne (Brehaut 1992 : 2). Ce point de vue se verrait confirmé à la fois par les résultats d'une enquête de l'Association canadienne d'éducation (ACE) auprès de 104 commissions scolaires et par un rapport publié par Statistique Canada (1992) sur les inscriptions dans les programmes d'immersion. Ainsi l'enquête de l'ACE révèle que 77 % des commissions scolaires enregistrent, en 1991-1992, un accroissement du nombre des enfants en immersion par rapport à l'année scolaire 1988-1989. Quant au rapport de Statistique Canada, il donne une analyse des tendances des inscriptions en immersion jusqu'en 1991 (à l'exception du Québec). On y lit que le nombre des inscriptions en immersion en 1990-1991 accuse une augmentation de 200 % par rapport à celui de 1980-1981, alors que les inscriptions totales dans les écoles publiques canadiennes n'augmentent que de 2 % pour la même période. Cependant, le dernier rapport du commissaire aux langues officielles (1992 : 155) fait état d'un début de stabilisation des inscriptions en immersion et même d'un léger déclin dans quelques régions.

En dépit des critiques, des gestes politiques ou des crises constitutionnelles, le Secrétariat d'État du Canada ainsi que le commissaire aux langues officielles continuent de jouer un rôle déterminant dans le développement du bilinguisme officiel du Canada. Par exemple, *le Rapport d'évaluation du Programme des langues officielles dans l'enseignement* (Peat, Marwick et Associés et Churchill 1987 : V. 1-10) reconnaît la grande contribution de ce programme «à la réalisation des objectifs globaux de la politique fédérale du bilinguisme depuis 1971». Les résultats mentionnés de la collaboration entre le gouvernement fédéral et les provinces et territoires sont les suivants :

«a) de grandes améliorations des possibilités d'instruction offertes aux minorités de langue officielle, et particulièrement aux francophones hors Québec;

b) de grandes améliorations au niveau de la prestation des programmes d'enseignement de la langue seconde dans l'ensemble du pays;

c) le renforcement des infrastructures encadrant l'enseignement des langues officielles :

– établissements de formation des enseignants,

– services administratifs provinciaux pour les programmes de langues officielles, y compris au niveau d'autorités scolaires locales (conseils scolaires et organismes apparentés),

– connaissances documentées sur les programmes de langues officielles et leurs effets;

d) une plus grande sensibilisation de la population à l'importance des programmes d'enseignement des langues officielles, tant pour favoriser la survie et l'épanouissement des minorités linguistiques que pour aider tous les Canadiens à apprendre la langue seconde officielle» (Peat, Marwick et Associés et Churchill 1987 : V.1).

CHAPITRE 6

D'autres résultats sont également mentionnés comme la garantie des droits scolaires aux minorités de langue officielle, le rôle pratique et symbolique du gouvernement fédéral dans l'amélioration des programmes d'enseignement de la langue seconde et de l'enseignement dans la langue de la minorité, la réponse, encore partielle, aux attentes du public pour promouvoir des changements dans le système éducatif aux niveaux local et provincial, l'appui massif de la majorité des Canadiens pour les programmes de langues officielles, enfin la prise de conscience de l'existence de besoins encore insatisfaits[4].

De son côté, le commissaire aux langues officielles qui veille aux applications de la politique de bilinguisme officiel joue également un rôle utile. Le vingt et unième rapport, composé de cinq grandes parties[5] dont la dernière concerne l'enseignement de la langue seconde (1992 : 153-169), présente des pistes intéressantes sur l'avenir de l'immersion et des programmes d'enseignement des langues secondes. Le succès de l'immersion y est encore souligné du point de vue de sa popularité. On y reconnaît, cependant, que «cette méthode ne convient pas à tous les enfants ni à tous les districts scolaires». Il s'agit donc «d'en

---

[4] Les besoins en ce qui concerne aussi bien l'enseignement dans la langue de la minorité que l'enseignement de la langue seconde sont au nombre de cinq: 1. le maintien ou la création de services dans les secteurs à très faible densité de population; 2. la mise en place de nouveaux services et programmes là où il n'en existe pas présentement; 3. l'allégement du fardeau qu'imposent aux provinces le maintien de services nouveaux ou l'expansion des services existants; 4. le renforcement des infrastructures provinciales s'occupant de l'administration des programmes d'enseignement des langues officielles; 5. la promotion de la recherche appliquée, y compris les évaluations, en vue d'enrichir les connaissances sur la qualité et l'efficacité des programmes d'enseignement des langues officielles (Peat, Marwick et Associés et Churchill 1987 : V.5).

[5] Les grandes parties du rapport de 1992 du commissaire aux langues officielles sont les suivantes : 1. Panorama 1991; 2. Analyse - L'égalité dans les institutions fédérales; 3. Évaluation de cinquante institutions; 4. Aperçu des régions; 5. L'enseignement de la langue seconde.

équilibrer les coûts et les bénéfices» (p. 153). Le commissaire aux langues officielles constate également que l'immersion est plus populaire au primaire qu'au secondaire, qu'il y a peut-être là un problème, et que «la pénurie d'enseignants compétents n'aide pas la situation» (p.155). La raison en est qu'au secondaire les parents choisissent le transfert de leurs enfants dans un programme en anglais qui leur favorisera l'entrée à l'université. Le rapport indique une série de conférences de l'association Canadian Parents for French sur l'immersion au secondaire. Il mentionne l'existence de week-ends d'activités afin de maintenir l'intérêt des jeunes adolescents pour le français à ce niveau. Enfin, il est fait état d'une recherche entreprise par le Conseil scolaire de Carleton (Ontario) révélant que le phénomène du transfert en dehors de l'immersion, au secondaire, est peut-être simplement lié au choix des adolescents au moment où des orientations de carrière commencent à se faire.

Outre les préoccupations relatives à l'immersion au secondaire, le rapport du commissaire aux langues officielles fait allusion aux effets des conclusions de *l'Étude nationale sur les programmes de français* en faveur d'une approche multidimensionnelle de l'enseignement des langues, axée sur la langue, la communication, la culture et une formation langagière générale. Il recommande, à cet effet, des «croisements» entre les programmes-cadres de français et les programmes d'immersion du type de la tentative entreprise à Yellowknife (Territoires du Nord-Ouest) pour faire jouer aux deux programmes des rôles complémentaires. En effet, tous les élèves des trois premières années du primaire de l'école J. H. Sissons sont inscrits aux programmes-cadres de français langue seconde. Pour les enfants qui veulent s'inscrire ensuite en immersion sont organisées des mini-sessions de deux semaines, dès la 4e année, pendant lesquelles tous les après-midis sont consacrés à l'enseignement en français (Commissaire aux langues officielles 1992 : 155-156).

CHAPITRE 6

B) L'IMPLANTATION ET LE FONCTIONNEMENT DES PROGRAMMES D'IMMERSION AU CANADA : LES RÉSISTANCES, LES DIFFICULTÉS ET LES INCIDENCES

1. LES RÉSISTANCES ET LES DIFFICULTÉS DANS LA MISE EN PLACE DE PROGRAMMES D'IMMERSION

Comme le souligne Boiziau-Waverman (1991 : 32-34), la diffusion de l'expérimentation de Saint-Lambert dans le reste du Canada a changé les paramètres de l'immersion. On est, en effet, passé d'un contexte québécois où le français, langue d'enseignement, était la langue d'une majorité francophone à une situation inverse où des membres du groupe majoritaire canadien anglophone s'imposaient un enseignement dans la langue d'une minorité. On minimisait donc encore davantage les risques que l'immersion en français pouvait faire courir à la fois à la maîtrise de l'anglais, langue première, et au maintien de l'identité culturelle anglo-canadienne.

Malgré ce changement de contexte et en dépit des pressions exercées par les parents de classes socio-économiquement avantagées comme par le groupe Canadian Parents for French, on constate encore, au Canada, des résistances à l'égard de l'implantation de l'immersion en français (Burns 1986 : 572-591). McGillivray (1984 : 28-31) mentionne, par exemple, les difficultés auxquelles doivent faire face, en Ontario, les administrateurs et les conseils scolaires désireux de mettre en place de telles classes : révision complète des programmes d'études, remplacement ou recyclage du personnel enseignant, révision des secteurs de fréquentation des écoles, engagement de dépenses supplémentaires considérables, absence de directives ministérielles appropriées, difficulté de recrutement d'un personnel enseignant qualifié, enfin, carence de matériel didactique spécialement conçu pour l'immersion. «L'expérience montre que partout où démarre un programme immersif, sa popularité fait ombrage au secteur anglais traditionnel» (McGillivray 1984 : 29).

En 1986, l'association CPF publie un article intitulé «Mille histoires d'horreur : la lutte pour la survie» où sont rapportés des exemples de cette résistance à l'immersion. On y lit que certains conseils scolaires refusent carrément d'ouvrir des programmes d'immersion et passent outre aux demandes des parents; que d'autres administrateurs scolaires décident de fermer des programmes d'immersion précoce au profit de classes d'immersion moyenne; que des opposants de l'immersion organisent des réunions ou des pétitions afin de démontrer que l'immersion porte atteinte aux libertés individuelles ainsi qu'à la culture des anglophones; enfin, que certains parents, ardents défenseurs et promoteurs de l'immersion en Ontario, voient même leur entrée de garage parsemée de clous (Whale 1986 : 3)! Chaikoff (1991 : 25), de son côté, signale le peu d'enthousiasme du ministère ontarien de l'Éducation à produire des directives et des lignes d'orientation en vue de soutenir les programmes d'immersion. Il dénonce, en outre, la façon dont les fonds fédéraux, identifiés pour l'enseignement en français et du français, sont parfois détournés par certains administrateurs scolaires opposés à l'immersion (Chaikoff 1991 : 18). Il relate, enfin, les tensions politiques et économiques que l'expansion des programmes d'immersion et la question du transport des enfants ont provoquées dans la région de Hamilton en Ontario entre 1988 et 1991. «La question du transport pour un groupe d'enfants ne doit pas provoquer normalement un tel bruit. Cependant, les élèves de l'immersion en français sont perçus comme une menace aux progrès sociaux de ceux qui ne sont pas inscrits dans ce programme» (Chaikoff 1991 : 60-61).

Au Nouveau-Brunswick, selon Edwards (1984 : 42), le principal problème est que le recrutement de beaucoup d'enseignants de langue maternelle française pour les classes d'immersion menace la sécurité d'emploi des enseignants de langue anglaise. Elle soutient que l'immersion ne susciterait pas tant de craintes chez les enseignants anglophones si elle n'entraînait ni une réduction du corps professoral ni une réduction des ressources financières.

CHAPITRE 6

Selon Edwards, ce problème est général au Canada. Il est identifié par le rapport intitulé *La question de l'immersion : des commissions scolaires relèvent le gant* (1983) de l'Association canadienne d'éducation comme la cause de l'impopularité de l'immersion en français parmi les enseignants canadiens. Pour ce qui est de la situation québécoise, Henchey et Burgess (1987 : 90) signalent également que l'engagement de nombreux enseignants francophones en immersion force les administrateurs scolaires à placer en disponibilité les enseignants anglophones unilingues. Ainsi, écrivent-ils, «il est vraiment ironique de constater que les commissions scolaires protestantes, perçues par le grand public comme des bastions de l'anglais et de la culture anglo-saxonne, emploient tant de Québécois francophones et sont des lieux très efficaces de promotion du français» (p.90 – traduction libre). Cette perception de la menace que constitue l'immersion pour la culture anglo-saxonne au Québec semble beaucoup déranger le chancelier de l'Université McGill qui, en novembre 1991, devant des représentants du groupe de pression Alliance Québec, se demande quelle est désormais la nature d'une école de langue anglaise à Montréal (Dunn 1991 : A3). Henchey et Burgess tirent la conclusion suivante de la popularité de l'immersion dans le système d'éducation de langue anglaise au Québec : «Le succès de l'immersion en français ainsi que celui des programmes offerts totalement en français ont tellement altéré la nature du système d'éducation protestant qu'on ne peut plus y voir la représentation de l'éducation anglaise» (p. 90 – traduction libre).

Des craintes sont aussi exprimées au sujet de l'attirance que l'immersion exerce sur les élèves les plus doués. Cette attirance, au dire de Henchey et Burgess, fragmente le système anglais d'éducation : «[...] les classes et les écoles d'immersion reçoivent les élèves les plus doués, alors que les classes et les écoles de langue anglaise sont parfois vues comme des lieux d'accueil pour des élèves incapables de relever les défis de l'immersion» (Henchey et Burgess 1987 : 90 – traduction libre). De même, les enseignants de la New Brunswick Teachers' Association et les parents de cette province redoutent que le choix des élèves brillants pour l'immersion ne privent ainsi les écoles anglaises régulières de la stimulation et de l'émulation créées par la présence de tels élèves. Edwards, toutefois, précise que les résultats des examens provinciaux ne confirment pas ce point de vue (Edwards 1984 : 44).

Burns tente de fournir une explication (1986 : 580-589) à ces résistances et à ces difficultés vis-à-vis des programmes d'immersion. En effet, il soutient que la compréhension de cette situation passe par une double analyse fournie, d'abord, par la théorie de la reproduction (Giroux 1983), puis par celle du changement (Fullan 1982).

La théorie de la reproduction dit que la fonction des milieux scolaires est de reproduire, sur les plans économique, culturel et politique, le système des classes sociales existantes alors que la théorie du changement permet la recherche de moyens pour améliorer l'efficacité des milieux scolaires en place. Ainsi, la théorie de la reproduction expliquerait les faiblesses de l'immersion tandis que la théorie du changement permettrait de proposer des solutions à ce qui est perçu négativement au sujet de ces programmes.

La théorie de la reproduction mettrait donc en lumière ce que Bibeau (1982 : 169) appelle la vraie nature de l'immersion, c'est-à-dire le maintien de la domination socio-économique des Canadiens anglophones. Elle permettrait aussi de comprendre pourquoi les fonds fédéraux servent à renforcer les intérêts bilingues et biculturels de l'État canadien et des classes dominantes. C'est que, selon Burns (1986 : 581-582), le gouvernement fédéral canadien a, de longue date, cherché à utiliser les institutions d'éducation pour atteindre des objectifs de politique nationale. Chaikoff (1991 : 64) met également en lumière les arrière-pensées du Secrétariat d'État du Canada en attribuant des fonds beaucoup plus importants aux classes d'immersion qu'aux classes régulières de français langue seconde.

CHAPITRE 6

Cependant, devant le fait que l'immersion en français est souvent élitiste et accueille, en Ontario comme ailleurs (Edwards 1984 : 44), des enfants de milieux socio-économiques favorisés et hautement scolarisés, Burns souhaite précisément faire changer cet état de choses (1986 : 585). La théorie du changement permettrait non seulement d'analyser les facteurs qui tendent à maintenir les inégalités sociales en immersion mais d'y remédier. De plus, selon Burns, l'immersion est une innovation pédagogique complexe qui doit être étudiée non pas comme un événement ou un produit mais comme un processus porteur de changements à plusieurs niveaux. En effet, la mise en place et le fonctionnement des programmes d'immersion affectent, d'une part, les pratiques existantes sur le plan du rendement scolaire des élèves, des activités d'apprentissage, des programmes d'études, des services éducatifs et des ressources physiques et matérielles. Ces programmes touchent, d'autre part, la nature des relations sociales entre les éducateurs au sein même du milieu professionnel ainsi que les relations entre les éducateurs et les différentes composantes de la société.

S'appuyant sur la théorie du changement, Burns présente donc une série de recommandations dont certaines sont de portée nationale et d'autres davantage liées à la situation de l'immersion en Ontario et à Toronto :

1. Aussi longtemps que les fonds publics soutiennent des programmes d'enseignement visant le bilinguisme, il est souhaitable que tous les enfants, sans considération de classe, de race, de religion ou de sexe, y aient accès.

2. En conséquence, il y aurait lieu que ces programmes soient aménagés pour répondre à tous les besoins et à tous les types d'apprentissage.

3. Les commissions scolaires devraient s'engager dans une planification plus rigoureuse des programmes d'immersion afin d'atténuer les tensions existant entre les enseignants unilingues de langue anglaise et les enseignants en immersion.

4. Le ministère ontarien de l'Éducation devrait montrer plus d'initiative pour le développement des programmes en immersion, du matériel pédagogique et de programmes de soutien du personnel enseignant.

5. Il est nécessaire d'avoir des programmes de formation et de perfectionnement des enseignants afin d'améliorer la qualité des programmes d'immersion.

2. LES INCIDENCES DE L'IMMERSION SUR LES PROGRAMMES DE FRANÇAIS DE BASE ET SUR LA POPULATION FRANCOPHONE DU CANADA

2.1. Les incidences de l'immersion sur les programmes de français de base

Les incidences des programmes d'immersion sur les programmes de français de base sont doubles. Dans une première période (1965-1980), l'immersion jette tellement d'ombre sur ceux-ci que certains se demandent si les programmes de français de base ne vont pas tout simplement en être les victimes et progressivement disparaître (Calvé, Stern et Mollica 1985 : 239).

Cependant, dans une seconde période (1980-1990), on remarque un sursaut de tous ceux que la qualité de l'enseignement de la langue seconde préoccupe. Cette réaction est fondée sur un certain nombre de facteurs. On fait d'abord remarquer que la grande majorité des élèves canadiens qui étudient le français langue seconde sont inscrits non pas en immersion mais dans les programmes de base. Ensuite, on souligne le manque d'attention accordée aux programmes de français de base. Enfin, on salue les efforts accomplis pour redresser la situation et tenter d'offrir des programmes de rechange de meilleure qualité (Edwards 1984 : 44). Il convient d'ajouter à ces facteurs trois considérations d'ordre méthodologique. La première prend acte de la

CHAPITRE 6

volonté des éducateurs d'augmenter le temps[6] alloué à l'enseignement du français de base, ce qui nécessite un enrichissement des cours de langue. D'un autre côté, les résultats donnés par les programmes d'immersion ainsi que ceux donnés par les recherches sur l'acquisition des langues montrent qu'une langue seconde ne peut pas uniquement s'apprendre par la pratique des structures formelles. Il est donc nécessaire de compléter l'apprentissage des formes par le maniement de la langue dans des situations aussi naturelles que possible. Enfin, puisque la communication est perçue comme une finalité à atteindre, elle doit être expérimentée au sein même de l'apprentissage scolaire.

Dès 1980, la Fédération canadienne des enseignants (FCE) invite les éducateurs, les administrateurs et les personnes politiques à accorder aux programmes de français de base toute l'attention qu'ils méritent dans le cadre de l'éducation bilingue au Canada. En 1981, Stern (1981 : 143) donne les grandes lignes de ce qu'il nomme un «curriculum à quatre dimensions» pour l'apprentissage des langues. Il complète ainsi des idées lancées, dès 1980, à Boston à la demande de l'American Council on the Teaching of Foreign Languages, sur les priorités professionnelles en enseignement et en apprentissage des langues pour les années quatre-vingt. Stern (1983a) propose le contenu de ce qu'il nomme un «curriculum multidimensionnel» comprenant des objectifs, des contenus et des méthodologies de l'enseignement des langues. Il met également l'accent sur la nécessité d' y inclure quatre composantes, à savoir :

1. une composante sur la langue;
2. une autre sur la démarche communicative et expérientielle;

---

[6] Le rapport du Ministerial Committee on the Teaching of French (1974) du ministère ontarien de l'Éducation, rapport dit Gillin, recommandait de passer de 20 minutes à 40 minutes par jour, pour un total de 1200 heures pour toute la scolarité. Cela est devenu une sorte de norme canadienne, selon Poyen (1985 : 244). Le chiffre de 1200 heures d'enseignement en français pendant la scolarité est aussi présenté comme un minimum pour le Nouveau-Brunswick (Edwards 1984 : 44).

3. une troisième sur la culture;

4. et une dernière sur la formation langagière générale.

En 1982, l'invitation lancée par la Fédération canadienne des enseignants est reprise lors de la séance d'ouverture du congrès annuel de l'Association canadienne des professeurs de français langue seconde (ACPFLS). Enfin, en 1984 sont jetés les plans de l'ACPFLS pour une «Étude nationale sur le français de base». Le 21 octobre 1985, le ministre responsable pour le Secrétariat d'État du Canada donne son accord officiel pour la mise sur pied de cette étude et accepte le principe de son financement pour une période de trois ans. Ainsi donc, l'attention que l'immersion a nourrie pendant des années au détriment des programmes réguliers d'enseignement du français a suscité une saine réaction en faveur de programmes qui accueillent la majorité des jeunes Canadiens.

Une équipe de recherche est alors mise sur pied sous la direction de Stern jusqu'en 1987, année de sa mort, et de R. LeBlanc par la suite. En 1990, cette équipe publie un rapport final composé d'un *Rapport synthèse* bilingue (R. LeBlanc 1990) et de cinq rapports : *Syllabus langue* (Painchaud 1990), *The Communicative/Experiential Syllabus* (Tremblay, Duplantie et Huot 1990), *Syllabus Culture* (C. LeBlanc, Courtel et Trescases 1990), *Le Syllabus Formation langagière générale* (Hébert 1990), *The Evaluation Syllabus* (Harley, d'Anglejan et Shapson 1990).

La synthèse présentée par R. LeBlanc donne, dès le début, la liste des quatre-vingt douze conclusions tirées des travaux de recherche des membres de l'équipe mise en place (1990 : 8-17). Il n'est pas question de les présenter toutes ici. Cependant, il convient de voir comment l'expérience de l'immersion a influencé certaines de ces conclusions et comment l'immersion peut également tirer profit des travaux de l'Étude nationale.

Par exemple, on sait que l'immersion fournit des contextes pertinents d'utilisation de la langue en permettant l'apprentissage de matières scolaires par l'intermédiaire de la langue seconde. Cette caractéristique a, dès 1965, distingué l'immersion des programmes de français de base axés surtout sur l'apprentissage formel de la langue et n'offrant pas ou peu de tels contextes. On se souvient, à ce propos, des arguments utilisés par Lambert (1980) pour défendre les programmes d'immersion contre les attaques de Bessette et de Bibeau (voir le premier chapitre). Or, cinq conclusions de l'Étude nationale apportent les précisions suivantes sur les divers contextes d'apprentissage de la langue seconde :

1. «le syllabus communicatif/expérientiel est un inventaire d'environnements où la langue seconde est à la fois moyen de communication et préalable à l'apprentissage»;

2. «l'environnement est le milieu où la personne évolue»;

3. «les environnements du syllabus communicatif/expérientiel sont pris dans les champs d'expérience des élèves»;

4. «l'expérience langagière découle de l'utilisation du langage lors des interactions avec l'environnement»;

5. «l'interaction avec l'environnement repose sur trois situations fondamentales par rapport à la langue : la compréhension, la production et la négociation» (R. LeBlanc 1990 : 9).

Les commentaires de LeBlanc sur les résultats de l'Étude nationale précisent, en outre, que l'enseignement et l'apprentissage de la langue doivent être motivés, «c'est-à-dire avoir des justifications qui prennent leurs sources dans l'apprenant et son environnement» (R. LeBlanc 1990 : 19). On y lit aussi que cet enseignement et cet apprentissage doivent «passer par l'expérience de l'utilisation de la langue dans des situations réelles de communication» (R. LeBlanc 1990 : 20). Ces recommandations et ces commentaires peuvent se rapprocher des deux caractéristiques méthodologiques de l'immersion telles que définies par Genesee (1987 : 73-75). La première est illustrée par des comportements transactionnels favorisant des interactions avec l'environnement fourni par la matière scolaire apprise dans la langue seconde. La seconde caractéristique de l'enseignement et de l'apprentissage immersifs vient du fait qu'ils devraient permettre des échanges motivés, spontanés et ouverts se rapprochant des contextes sociaux et non scolaires (voir le deuxième chapitre).

Inversement, l'accent mis systématiquement en immersion sur la transmission des messages au détriment de la correction de la forme et la récente prise de conscience de la nécessité d'encourager la production des enfants peuvent bénéficier de la recommandation suivante de l'Étude nationale : «L'enseignement de la langue comme moyen de communication implique la primauté du message sur la forme. Il y a cependant entre la précision du message et celle de la forme une relation étroite que la pédagogie doit respecter» (R. LeBlanc 1990 : 9). Cette recommandation est accompagnée du commentaire suivant de LeBlanc : «[...] la complexité de la langue fait que son étude se doit d'être abordée sous plusieurs angles à la fois, afin que deviennent progressivement claires pour l'apprenant les relations entre diverses composantes de ce moyen complexe de communication» (1990 : 20). Ce point de vue est donc à rapprocher des prises de position de Swain (1985 : 235-253 et 1988 : 68-83) qui, comme on l'a vu dans le deuxième chapitre, soutient qu'un enseignement axé sur les messages n'est pas nécessairement un bon enseignement s'il ne donne pas aussi aux élèves des occasions nombreuses de retour sur la langue. Vont aussi dans le même sens les travaux récents de Lyster (1993) sur les effets positifs de l'inclusion d'une composante analytique dans le curriculum de langue seconde.

De même, on reproche souvent aux programmes d'immersion de négliger les objectifs culturels de l'apprentissage de la langue seconde. Or, l'Étude nationale présente une série de neuf conclusions sur cette dimension. La première se lit ainsi : «Le syllabus culture est un inventaire des domaines constituant le contenu culturel minimal susceptible de permettre l'interprétation correcte de l'environnement socioculturel second» (R. LeBlanc 1990 : 10). Les responsables des programmes d'immersion désireux d'y inclure ou d'y renforcer un contenu culturel devraient pouvoir tirer profit des réflexions de l'Étude nationale dans ce domaine.

On comprend ainsi mieux le souhait du commissaire aux langues officielles de voir les programmes de français de base et les programmes d'immersion jouer un rôle complémentaire à l'avenir.

2.2. Les incidences de l'immersion sur la population francophone du Canada

Boiziau-Waverman (1991 : 59-64) résume ainsi les inciden-ces de l'immersion sur la population francophone du Canada. Elle distingue entre la politique québécoise d'unilinguisme offi-ciel dont nous avons déjà fait état et les réactions des minorités francophones des autres provinces.

En ce qui concerne le Québec, elle rappelle que l'unilinguisme officiel va dans la direction opposée à celle du bilinguisme institutionnel et du multiculturalisme canadien. Boiziau-Waverman avance deux raisons. Il y a, d'abord, la vieille crainte, chez les Québécois francophones, de l'assimilation par dilution dans l'ensemble nord-américain de langue anglaise. Ensuite, s'appuyant sur Clift (1984 : 68-71), elle mentionne la peur des Québécois envers le pluralisme culturel et linguistique cana-dien. Ce pluralisme mettrait en péril à la fois la qualité de la langue maternelle et l'attachement à la culture traditionnelle.

Clift signale que la réforme scolaire des années soixante et la législation des années soixante-dix faisant du français la langue du travail ont calmé ces inquiétudes et ces peurs. «Mais la question n'est toujours pas résolue quant à la langue et la mentalité du Québec est en retard par rapport à l'évolution du Canada anglais. Ayant une longue et amère expérience du bilinguisme, il faudra peut-être attendre la prochaine génération avant que le Québec ne prenne conscience du caractère limitatif de l'unilinguisme et accepte les risques du bilinguisme» (Clift 1984 : 70).

En ce qui a trait aux minorités francophones en dehors du Québec, Boiziau-Waverman rappelle (1991 : 62) les inquiétudes de Max Yalden, alors commissaire aux langues officielles (1982), de voir une part importante des subventions financières fédérales aller aux programmes d'immersion pour élèves anglophones au détriment des écoles pour enfants francophones. Dix ans après, le commissaire aux langues officielles rappelle que le fondement de la vitalité des communautés minoritaires de langue officielle vient de leur capacité d'avoir accès à un enseignement de qualité et de leur droit à pouvoir gérer leurs propres écoles. Mais il constate qu'en 1991 les gains de ces communautés ont été minces, malgré l'arrêt *Mahé et al.* de la Cour suprême du Canada[7] et l'article 23 de la *Charte canadienne des droits et libertés* (Commissaire aux langues officielles 1992 : 128).

En outre, selon Boiziau-Waverman (1991 : 62-63), les critères d'admission aux écoles minoritaires de langue française sont, dans certains cas, graduellement adaptés pour accueillir des enfants anglophones. Ainsi, on passerait de la nécessité d'avoir une mère et un père de langue française, à celle d'un milieu familial où un seul parent est francophone, puis à la nécessité d'avoir déjà suivi un programme d'immersion en français et de satisfaire aux exigences d'une entrevue de quelques minutes dans la langue seconde. En dernier ressort, le fait d'avoir déjà un frère ou une sœur dans l'école française minoritaire suffirait pour pouvoir y être admis. Si tel est le cas, le danger est grand pour la qualité du français enseigné aux enfants francophones en dehors du Québec. On assiste, en effet, à un nivellement par le bas. Boiziau-Waverman cite, à ce sujet, les commentaires de Mosimann-Barbier (1990 : 332) : «[...] les parents anglophones

---

[7] L'arrêt *Mahé et al.* du 15 mars 1990 reconnaissait «le rôle primordial que joue l'instruction dans le maintien et le développement de la vitalité linguistique et culturelle». La Cour suprême du Canada invitait donc les gouvernements, qui avaient négligé de se plier à l'obligation de mesures réparatrices envers les communautés minoritaires imposées par cet arrêt et l'article 23 de la *Charte des droits et libertés*, de mettre en place un système approprié d'enseignement dans la langue de la minorité.

CHAPITRE 6

considèrent l'école française comme un lieu privilégié d'immersion pour leurs enfants. Ils peuvent alors avoir voix au chapitre et infléchir la politique de l'école [...] C'est l'un des paradoxes du Canada d'aujourd'hui : en même temps que la reconnaissance du français progresse, la population francophone à l'extérieur du Québec décline en s'anglicisant».

Heffernan (1979 : 24-26) raconte, à ce sujet, les débuts de l'immersion au cap St-George, sur la côte ouest de Terre-Neuve. En 1975, un programme d'immersion en français est établi, pour la première fois dans la province, à l'école primaire Notre-Dame-du-Cap. Les enfants qui sont inscrits dans ce programme proviennent de familles francophones, de familles bilingues, mais également, et en majorité, de familles francophones anglicisées. À l'époque, ce programme est perçu comme le fruit d'un effort collectif pour tenter de faire renaître la langue et la culture françaises dans une région très reculée du Canada où on ne dénombre plus que 1 200 francophones. Heffernan explique la présence d'anglophones dans le programme d'immersion en soulignant la nécessité pour les francophones minoritaires de s'allier aux anglophones pour que le programme d'immersion en français puisse être créé. Certes, Heffernan perçoit, comme Boiziau-Waverman et Mosimann-Barbier, le danger de l'assimilation que courent les enfants francophones dans une telle situation. Mais il voit aussi dans l'immersion un moyen pour les francophones anglicisés de réapprendre le français. Il conclut en ces termes : «D'ailleurs, si jamais les francophones décident localement que les classes d'immersion sont une étape et non une fin, il est temps de leur offrir autre chose». C'est vraisemblablement dans cet esprit qu'un Conseil des écoles françaises de la communauté urbaine de Toronto a été institué pour s'occuper des besoins et des intérêts des francophones (Boiziau-Waverman 1991 : 63).

C) LES CONSIDÉRATIONS THÉORIQUES, LES PRINCIPES MÉTHODOLOGIQUES ET LA RECHERCHE : RÉVISIONS, REDÉFINITIONS ET RÉORIENTATIONS

1. RÉVISIONS DE CERTAINES CONSIDÉRATIONS THÉORIQUES EN IMMERSION

1.1. L'opposition entre les effets de la compréhension et ceux de la production pour l'apprentissage des langues

Dans le deuxième chapitre, il a été fait allusion à la réponse de Swain (1985 : 235-253 et 1988 : 68-83) à la version de Krashen (1984 : 64-67 et 1985b : 55-68) de la théorie de la construction créative, disant que l'accent mis en immersion sur la compréhension des messages constitue le meilleur moyen pour apprendre une langue. Théoriquement, selon Krashen, on pourrait donc apprendre une langue sans jamais dire un mot (Lightbown, Rand et Spada 1989 : 113)! Swain soutient qu'il n'est pas suffisant de comprendre les messages pour apprendre une langue. Il est également nécessaire d'offrir en classe des occasions nombreuses de production et d'amener ainsi les élèves à prêter attention à la forme de leurs productions. La position de Swain s'appuierait, selon Lightbown, Rand et Spada (1989 : 113), sur la théorie de l'apprentissage cognitif qui présente les activités de production comme contribuant à l'apprentissage d'une langue.

1.2. Les rapports entre la langue première et la langue seconde

De son côté, Lyster (1987) soutient que l'évaluation que fait Krashen des succès de l'immersion est exagérée parce que ce dernier néglige de tenir compte de l'interlangue des enfants en immersion. On désigne par interlangue le système linguistique structuré que les élèves de l'immersion construisent à diverses étapes de leur apprentissage de la langue seconde (voir le troisième chapitre). Selon Lyster, cette interlangue peut parfois bloquer la communication bien qu'elle reste comprise des enseignants et des élèves qui en sont familiers (p. 703). Cette interlangue serait le fruit de deux facteurs. Elle proviendrait, d'abord, du fait que les exigences de la communication, imposées dès le début de leur apprentissage aux élèves de l'immersion, dépassent leur compétence initiale. Ces élèves sont ainsi forcés de recourir à une interlangue pour laquelle on les félicite. Ensuite, elle résulterait de l'utilisation de matériel didactique conçu pour des locuteurs dont la langue maternelle est le français (Lyster 1987 : 705). Le constat de l'interlangue, où apparaissent des erreurs dues à la fois au transfert négatif de l'anglais et aussi à la généralisation excessive des règles de fonctionnement du français, renforce la conviction de Lyster qu'on ne peut pas, en immersion, enseigner la langue seconde uniquement comme on enseignerait le français à de jeunes francophones.

Enseigner la langue seconde à des apprenants comme s'ils étaient des locuteurs francophones résulte aussi, selon Lyster, dans la fossilisation précoce de l'interlangue (Lyster 1987 : 712). Or, la fossilisation est un signe de l'arrêt de l'apprentissage. Autrement dit, les élèves de l'immersion ne seraient pas capables, avec le temps, de se débarrasser de leurs erreurs. C'est pourquoi Swain invite les enseignants de l'immersion à inclure dans leur enseignement des moments de retour systématique sur les erreurs de leurs élèves (Swain 1988 : 77). De son côté, Lyster (1990 : 160), s'appuyant sur le modèle multidimensionnel de Stern (1983a), préconise à la fois l'élaboration d'un curriculum de français qui tiendrait compte avec précision des difficultés rencontrées par les élèves de l'immersion et de nouvelles approches méthodologiques dont nous parlerons un peu plus loin.

1.3. L'opposition entre le contexte naturel d'apprentissage et le contexte scolaire

Les concepteurs de l'expérimentation initiale de l'immersion désiraient reproduire le plus possible le contexte naturel et spontané d'acquisition et d'apprentissage d'une langue. C'est que ce contexte est de première importance au dire de ceux qui soutiennent que les enfants qui apprennent une langue dans la rue ont de meilleurs résultats que ceux qui l'apprennent en classe (Boiziau-Waverman 1991 : 86).

Ellis (1985 : 151) compare cinq types de situations d'enseignement d'une langue selon leurs caractéristiques et selon leur ressemblance avec les contextes naturels d'apprentissage. C'est, selon lui, la classe d'immersion, dans laquelle la langue est outil d'enseignement, qui possède la plus forte ressemblance avec les contextes naturels. L'immersion offre, en effet, beaucoup d'occasions pour négocier le sens des messages, «en particulier si l'enseignement est centré sur l'apprenant» (p. 151 – traduction libre).

Baker (1988 : 189-190) présente un modèle d'éducation bilingue dans lequel il distingue quatre catégories de contextes:

1. la nature de la communauté vis-à-vis de la langue et de la culture;
2. la nature et les buts de l'école;
3. la nature de la salle de classe;
4. la nature du curriculum et du matériel didactique.

Comment donc situer l'immersion par rapport à ces différents contextes d'apprentissage?

Dans un premier temps, par rapport à la communauté et au système scolaire qui lui est rattaché, il y a lieu de considérer le milieu socioculturel dans lequel l'immersion est offerte. Dans ce cas, il faut faire la distinction entre l'immersion en milieu majoritaire et l'immersion en milieu minoritaire. En effet, un programme d'immersion dans une province majoritairement francophone, comme le Québec, se rapproche davantage d'un contexte naturel d'apprentissage qu'un programme d'immersion offert dans une région où le français est perçu comme une langue minoritaire. Dans ce dernier cas, l'apprentissage est limité au milieu scolaire, les seuls contacts des enfants avec le français se faisant avec l'enseignant et avec le matériel didactique. Au contraire, dans une situation majoritaire, on peut supposer que

CHAPITRE 6

l'apprentissage scolaire en immersion ou bien sert de tremplin aux élèves pour établir des contacts sociaux extra-scolaires ou bien s'appuie sur le milieu social pour concrétiser l'enseignement du français.

En deuxième lieu, il s'agit d'examiner la nature de l'école. À cause de sa nature, l'école ne peut pas reproduire un environnement naturel d'apprentissage. Cependant, si le programme d'immersion est offert dans l'école tout entière ou dans un centre d'immersion, on se rapproche davantage des conditions naturelles d'apprentissage que s'il coexiste avec un programme régulier offert en anglais. Lyster admet que la présence d'un programme d'immersion dans une école ou un centre d'immersion atténue la contradiction entre *l'immersion* dans un milieu francophone et *l'intégration* dans un contexte anglophone. Mais il regrette que «bien des commissions scolaires soient effrayées de l'accusation d'élitisme et continuent ainsi de promouvoir l'intégration» (1987: 704 – traduction libre).

Pour ce qui est, en troisième lieu, de la nature de la classe, il convient de voir si la classe est homogène, comportant des élèves de même niveau de compétence dans la langue seconde ou de même langue première. Il faut également mesurer la compétence langagière de l'enseignant et ses connaissances socioculturelles. On reconnaît, en effet, que le succès de l'apprentissage du français est lié au niveau de maîtrise de la langue par l'enseignant (Henchey et Burgess 1987 : 90) ainsi qu'à ses qualités et à ses connaissances professionnelles. Un niveau «acceptable» de compétence linguistique en français pour les futurs enseignants en immersion a constitué une des recommandations de l'ACPI quand cette association s'est penchée sur la question des critères nationaux pour la formation et le perfectionnement des professeurs en immersion (Frisson-Rickson et Rebuffot 1986 : 22-23). Malheureusement, encore de nos jours, vu le grand nombre d'inscriptions en immersion, il n'est pas toujours possible, pour les autorités scolaires, de recruter ce type d'enseignant en immersion, surtout dans les régions éloignées du Québec. On imagine alors aisément l'effet sur l'apprentissage du français d'un enseignant aux excellentes qualités professionnelles mais maîtrisant mal la langue d'enseignement. Dans ce dernier cas, on est tout à fait éloigné d'un contexte naturel d'apprentissage.

Enfin, en ce qui concerne la nature du curriculum et du matériel didactique, Lyster (1987 : 704) précise que, dans son cas (programme d'immersion de 8ᵉ année, dans la région de Toronto), il avait reçu le mandat d'enseigner le même contenu que celui du programme régulier en anglais et de développer les mêmes capacités. Près de 50 % du programme représentait un enseignement du français. Cependant, le matériel didactique, conçu à l'intention de jeunes francophones, comprenait beaucoup d'éléments qui posaient de sérieux problèmes de compréhension et qui ne répondaient pas aux besoins langagiers de ses élèves anglophones. La situation décrite par Lyster n'est pas exceptionnelle. Rebuffot (1991b) fait la même constatation, dans les premières années de l'immersion au secondaire (1971-1973) à Montréal, au sujet du matériel pédagogique préconisé pour l'enseignement de la géographie et de l'histoire en français[8] dans des classes d'immersion au secondaire. Il rapporte qu'il était alors contraint de réécrire des sections entières de l'ouvrage conçu et écrit à l'intention d'élèves francophones afin d'en faciliter la compréhension par ses élèves de l'immersion.

Pour clore ces considérations sur les effets des contextes, naturel ou scolaire, sur l'apprentissage de la langue, il semble utile de rappeler la position de Stern. En effet, Stern souligne (1983b : 392) que la distinction entre l'apprentissage de la langue

---

[8]   Les ouvrages recommandés étaient les suivants : Vaugeois, D. et J. Lacoursière (réd.). 1970. *Canada-Québec. Synthèse historique.* Montréal, Éditions du Renouveau Pédagogique, 619 p. Ouvrage canadien pour l'enseignement de l'histoire en français en 4ᵉ année du secondaire. Taillefer, F. et B. Kayser. 1969. *Géographie générale physique et humaine.* Paris, Armand Colin, 286 p. Ouvrage français pour l'enseignement de la géographie en 2ᵉ année du secondaire.

CHAPITRE 6

seconde dans un environnement naturel et l'apprentissage dans un milieu scolaire n'est pas une opposition rigide. Les deux conditions d'apprentissage font partie d'un continuum : «À un de ses bouts, on peut rencontrer des gens qui apprennent la langue-cible sans aide ni direction extérieures, en y étant seulement exposés dans leur vie quotidienne, et à l'autre bout des individus qui l'apprennent uniquement dans un milieu scolaire» (p.393 – traduction libre). L'immersion, par conséquent, peut renforcer, au Québec, les contacts des apprenants avec le français, à condition que les élèves inscrits dans de tels programmes puissent et veuillent tirer profit de leurs aptitudes langagières. Mais l'immersion offerte dans une école et dans un contexte social majoritairement anglophone, loin de milieux d'emplois authentiques de la langue seconde, présente un contexte d'apprentissage qui n'a rien de naturel, comme le souligne Lyster (1987 : 704). C'est pourquoi les programmes d'immersion offerts dans une telle situation ne méritent pas leur nom. «En l'occurrence, soutient Boiziau-Waverman (1991 : 86) en parlant surtout des provinces canadiennes anglophones, s'il existe un immergé en classe d'immersion, c'est bien l'enseignant.»

2. VERS UNE REDÉFINITION DE CERTAINS PRINCIPES MÉTHODOLOGIQUES EN IMMERSION

2.1. Une redéfinition des objectifs en immersion

Il semble qu'une certaine équivoque marque aujourd'hui les objectifs linguistiques et culturels de l'immersion. Sur le plan linguistique, on sait que l'un des objectifs des programmes d'immersion est de développer une compétence fonctionnelle en français. Cet objectif, comme on l'a mentionné plusieurs fois, doit être atteint dans le cadre d'une éducation bilingue destinée à réaliser et à renforcer l'unité nationale canadienne. Il en est de même pour les objectifs culturels. L'immersion en français est donc censée favoriser l'apprentissage de la langue et de la culture de l'autre communauté linguistique, représentée essentiellement par le Québec. Or, selon Boiziau-Waverman (1991 : 83-84), de nombreux parents anglophones canadiens établissent un rapport hiérarchique entre deux variétés de français : celui qu'on parle au Canada, et au Québec, variété linguistique moins valorisée, et celui qu'on parle en France, variété nettement valorisée. «Or, la visée utilitaire ou instrumentale de ces mêmes parents laisse supposer que le français que leurs enfants utiliseront est celui du Québec. Il existe là un porte-à-faux entre la représentation du statut de la langue et la réalité linguistique du pays» (Boiziau-Waverman 1991 : 83). De même, bien des administrateurs de programmes d'immersion et beaucoup de parents anglophones craignent que l'apprentissage du français n'affecte l'identité culturelle des enfants. C'est le sens qu'il faut donner au caractère fonctionnel du français appris en immersion et à la recherche de l'équivalence entre le contenu des programmes d'immersion et celui des programmes offerts en anglais (Lyster 1990 : 163-164). Les conclusions tirées de l'évaluation de l'expérimentation de Saint-Lambert, comme le souligne Singh (1986 : 560), démontrent, en effet, qu'il est possible d'atteindre un bilinguisme fonctionnel sans «contamination culturelle». Le seul prix à payer serait de développer des attitudes plus favorables envers les francophones. Or, en apprenant une langue «comme une coquille vide» (Boiziau-Waverman 1991 : 32), on se coupe socioculturellement des manifestations et des valeurs de la culture québécoise et canadienne-française, partie intégrante de l'identité nationale canadienne. Cela semble aller à l'encontre du renforcement de l'unité nationale canadienne. Singh tire donc la conclusion suivante : «On est souvent frappé par l'incapacité presque totale de certains élèves en immersion de s'engager dans des actes de communication ayant une signification sociolinguistique. Ce n'est ni la faute des élèves ni celle des tests normalisés qu'on leur impose. C'est, cependant, le résultat prévisible du fait que la plupart des programmes d'immersion ne recherchent pas ce qu'on pourrait appeler l'authenticité sociolinguistique» (1986 : 561 – traduction libre).

CHAPITRE 6

Des résultats intéressants sont signalés, à ce sujet, par l'observation de neuf classes de 3ᵉ année et de dix classes de 6ᵉ année dans le cadre du projet à long terme The Development of Bilingual Proficiency (DBP) entrepris à l'Institut d'études pédagogiques de l'Ontario. En effet, les responsables de l'étude indiquent les points suivants. Premièrement, en ce qui a trait à l'enseignement du vocabulaire en immersion, on constate que les enseignants s'efforcent peu d'enseigner l'emploi, dans d'autres contextes, du vocabulaire rencontré dans les documents (Harley, Allen, Cummins et Swain 1990 : 64). En deuxième lieu, on signale que les élèves n'ont pas souvent l'occasion d'observer les emplois sociolinguistiques du *tu* et du *vous* français. De même, leurs chances de produire correctement des énoncés dans lesquels s'emploie le *vous* de politesse opposé au *vous* pluriel sont rares. En dernier lieu, on ne pousse pas suffisamment les élèves de l'immersion précoce à utiliser le français dans des productions d'une certaine longueur (Harley, Allen, Cummins et Swain 1990 : 64-65).

On doit donc remédier aux faiblesses des élèves de l'immersion sur le plan de la compétence sociolinguistique. Pour ce faire, Lyster (1990 : 164) recommande deux types d'interventions. Il faut, d'abord, renforcer les contacts des élèves de l'immersion avec des francophones. Mais, puisque les coûts peuvent en être élevés ou même difficiles à assumer dans un pays aussi vaste que le Canada, il faut ensuite envisager de faire de la salle de classe un lieu dynamique de découverte et d'enrichissement. Cela passe par un renouvellement du curriculum et de la méthodologie en immersion.

2.2. Vers l'intégration de l'approche analytique et de l'approche expérientielle en immersion

Comme cela a été mentionné dans le deuxième chapitre, la réflexion de Stern sur la didactique des langues l'a amené, comme bien d'autres, à établir une double distinction : d'abord entre l'enseignement *formel*, centré sur les connaissances de la langue, et l'enseignement *fonctionnel,* centré sur son emploi (1978), ensuite entre l'enseignement *analytique,* impliquant l'étude et la pratique de la langue, et l'enseignement *expérientiel,* fondé sur l'emploi de la langue dans des contextes sociolinguistiquement authentiques (1983a).

Cette distinction fondamentale entre les pratiques pédagogiques analytiques et expérientielles est ainsi résumée par Stern dans une de ses toutes dernières publications (1990 : 99-106 – traduction libre).

Caractéristiques d'un enseignement analytique	*Caractéristiques d'un enseignement expérientiel*
1. Accent mis sur les traits langagiers, y compris les aspects phonologiques, grammaticaux, fonctionnels, discursifs et sociolinguistiques.	1. Accent mis sur des sujets et sur des thèmes importants et intéressants.
2. Étude réfléchie de la langue (on en fait remarquer les règles et les régularités; on en fait voir les structures importantes et on fait percevoir les relations systématiques qui les lient).	2. Les élèves ne sont pas invités à faire des exercices, mais ils sont impliqués dans des activités ou des projets de recherche signifiants.
3 Mise en pratique (répétition et entraînement) de divers aspects langagiers en vue de leur utilisation éventuelle.	3. Emploi authentique de la langue sous forme de conversations et d'activités de communication qui ont un but.
4. Priorité accordée à l'emploi correct de la langue ainsi qu'à la prévention des erreurs.	4. Priorité accordée à la transmission des messages et à la facilité d'expression.
5. Faire utiliser la langue dans divers contextes d'interaction sociale est souhaitable.	5. Priorité accordée à l'emploi de la langue dans divers contextes d'interaction sociale.

CHAPITRE 6

Aux yeux de Stern (1990), la pédagogie contemporaine des langues doit répondre à ces deux options fondamentales. Comme le montre le tableau précédent, Stern voit dans la priorité donnée à l'emploi correct de la langue, à l'étude de ses aspects formels ainsi qu'à la pratique répétitive des capacités langagières les principales caractéristiques d'un enseignement analytique. En revanche, l'enseignement expérientiel est caractérisé par le choix raisonné de thèmes ou de sujets qui fournissent un contenu authentique d'emploi de la langue, par le recours à des activités d'apprentissage qui ont un sens aux yeux des élèves, par la transmission des messages, par la priorité donnée à l'aisance de l'expression plutôt qu'à sa nature absolument correcte, enfin par la volonté d'employer la langue authentiquement. Cependant, pour Stern, ces deux types de pratiques pédagogiques doivent être perçues comme complémentaires plutôt qu'opposées si les enseignants de langues visent à l'efficacité. Il prône donc l'inté-gration des deux pédagogies dans des proportions variées et variables fondées sur les besoins des apprenants et sur les objectifs des programmes. Dans cette perspective, Stern s'élève contre l'utilisation d'un seul type de pratiques pédagogiques dans l'enseignement des langues. Il souhaite, par exemple, que les programmes canadiens de français de base, axés tradition-nellement sur l'analyse de la langue, deviennent plus expérientiels. De son côté, l'enseignement de type immersif, fondé sur l'appren-tissage de la langue seconde par le truchement des matières scolaires, devrait s'appuyer davantage sur des pratiques analy-tiques. Stern résume ainsi sa pensée : «Dans un effort pour combiner les deux stratégies [d'enseignement], nous pouvons envisager deux types de liens :

1. l'un qui donne à la stratégie analytique le rôle dominant et à la stratégie expérientielle le rôle de soutien;

2. l'autre qui inverse ces rôles, la stratégie expérientielle étant seulement épaulée par l'analytique» (1990 : 107 – traduction libre).

Cependant, selon Lyster[9], un appel à la prudence est ici de mise. En effet, il est délicat de parler de l'enseignement analytique dans la pédagogie des langues parce qu'on risque ainsi de faire croire aux enseignants qu'il s'agit d'un retour aux méthodes traditionnelles fondées sur l'étude grammaticale. En réalité, il ne s'agit pas de cela mais d'une nouvelle conception de l'enseignement des langues fondée sur l'intégration des approches analytiques et des approches expérientielles. Comme le dit Lyster (1993 : 2-3), les recommandations de Stern vont dans le sens de celles de l'équipe de Harley (Harley, Allen, Cummins et Swain 1990) dont les recherches révèlent les faiblesses des élèves de l'immersion des points de vue grammatical et sociolinguistique. Ces chercheurs soutiennent donc qu'un moyen de corriger ces faiblesses serait d'inclure dans l'enseignement immersif des pratiques pédagogiques analytiques. Lyster (1993 : 2) soutient que l'enseignement analytique a été observé en immersion, en particulier dans les classes de français. Au demeurant, ce type d'enseignement de la langue constitue une part respectable des programmes d'immersion. Et pourtant, dans ces moments-là, l'enseignement de la langue s'y fait de manière souvent décontextualisée, sans lien avec le contenu des matières scolaires ni avec des contextes variés d'interaction sociale. On suggère donc, afin de rendre plus efficace cet enseignement analytique de la langue et de lui donner un sens et une signification sociale, de le replacer dans un modèle d'enseignement des langues secondes intégrant pratiques pédagogiques analytiques et contextes d'emploi essentiellement expérientiels, tel celui d'Allen (1983)[10], ou encore celui de Stern (1983a, 1992).

---

[9]   Communication avec l'auteur.

[10] Le modèle d'Allen (1983) comporte un volet dit *structuro-analytique* (grammaire), un volet *fonctionnel et analytique* (aspects discursifs de la langue) et *non analytique* (emploi naturel de la langue dans des situations de communication authentiques). Ce modèle est moins riche que celui de Stern parce qu'il y manque les aspects culturels et ceux relatifs à la formation langagière générale.

CHAPITRE 6

La première composante du modèle multidimensionnel de Stern porte sur la langue : on y met l'accent sur la langue comme objet d'étude et de pratique. La deuxième porte sur la démarche communicative qui a pour objectif de faire vivre aux apprenants des expériences authentiques de communication dans la langue seconde. La troisième, d'essence culturelle, a pour but d'intégrer la langue et la culture. Cette dernière est présentée comme un objet qu'on peut analyser et étudier dans la mesure où elle constitue le contexte socioculturel dans lequel la langue se manifeste. La dernière composante, enfin, met l'accent sur la formation langagière et les stratégies d'apprentissage; elle explore la communication linguistique en général. Si pour Stern la deuxième composante du modèle est expérientielle, les première, troisième et quatrième composantes comportent des pratiques d'enseignement analytique. L'approche analytique a ainsi une signification élargie : elle met, en effet, l'accent non seulement sur la phonologie, la morphologie, la syntaxe et le vocabulaire de la langue seconde, mais également sur ses fonctions langagières et sur ses phénomènes sociolinguistiques (Lyster 1990 : 165).

Comme l'indique Lyster (1990 : 166), les modèles d'Allen et de Stern sont les fondements de recherches conduites par Harley (1989) et par Day et Shapson (1991). Lyster aussi s'appuie sur le modèle de Stern dans ses travaux les plus récents (1993 : 1).

En 1989, Harley (331-359) entreprend une étude expérimentale sur des élèves de 6e année en immersion afin de mesurer les effets d'un ensemble d'activités didactiques établissant des distinctions fonctionnelles entre le passé composé et l'imparfait du français. La capacité des élèves du groupe expérimental et du groupe-contrôle à employer l'imparfait et le passé composé a été évaluée avant et après l'expérimentation. Les épreuves passées immédiatement après l'expérimentation révèlent des avantages pour le groupe expérimental. Mais trois mois plus tard, les résultats des mêmes épreuves imposées aux deux groupes ne montrent plus aucune différence. Il faut signaler cependant que les résultats négatifs à ces épreuves ne signifient pas que les élèves du groupe expérimental n'ont pas retenu ce qu'ils avaient appris pendant l'expérience. En fait, leurs scores ont continué à s'améliorer. Mais ce fut aussi le cas pour le groupe-contrôle, ce qui a empêché l'apparition de différences statistiquement significatives. En outre, Harley soutient que les élèves du groupe expérimental n'avaient pas assez longtemps été soumis à un enseignement analytique portant sur ces aspects particuliers du français pour maintenir un avantage à long terme (Lyster 1990 : 166 et 1993 : 24).

Les travaux de Day et Shapson (1991) se placent dans la lignée de ceux de Harley. Ils consistaient à utiliser du matériel didactique s'appuyant sur les deux modèles d'Allen et de Stern pour enseigner l'emploi du mode conditionnel en français. Le contexte situationnel était fourni par la préparation de l'établissement imaginaire d'une colonie spatiale. Comme dans la recherche de Harley, la capacité des élèves du groupe expérimental de 7ᵉ année en immersion et du groupe-contrôle à employer le conditionnel a été évaluée avant et après l'expérimentation. Les résultats des épreuves écrites ont démontré des progrès significatifs dans le groupe expérimental. Toutefois, on n'a pas enregistré de semblables résultats pour les épreuves orales. Day et Shapson concluent que le recours systématique à du matériel didactique favorisant l'intégration de l'étude analytique de la langue dans un contexte communicatif est donc un besoin dans la didactique de la langue seconde.

Les travaux de Lyster (1993) se placent également dans la lignée des travaux précédents et s'appuient aussi sur la distinction que Stern (1992 : 155-176) établit entre l'approche expérientielle, non analytique, dans l'enseignement communicatif et l'approche fonctionnelle-analytique. Stern, en effet, décrit l'analyse fonctionnelle comme une des quatre composantes du syllabus langue de son modèle multidimensionnel, les trois autres étant la prononciation, la grammaire et le vocabulaire.

L'analyse fonctionnelle a pour objectif de mettre en évidence sept aspects dans l'étude de la langue :

1. le contexte de la communication langagière;
2. le rôle des participants ainsi que leurs rapports;
3. le thème ou le sujet de la communication;
4. la variation sociostylistique;
5. la sémantique (comprenant les intentions et la force illocutoire[11]);
6. l'identification des actes de parole;
7. et, enfin, l'analyse du discours.

Le but des recherches de Lyster (1993) était de voir quels étaient les effets d'un enseignement fonctionnel-analytique sur la compétence sociolinguistique de 108 élèves de 8ᵉ année en immersion. L'expérimentation s'est faite à partir de l'utilisation d'une unité d'enseignement dans la classe de français pendant une période moyenne de cinq semaines. Comme dans les recherches de Harley et de Day et Shapson, la capacité des élèves des groupes expérimentaux de 8ᵉ année en immersion et des groupes-contrôles à reconnaître et à produire une langue appropriée en contexte (compétence sociolinguistique) a été évaluée avant et après l'expérimentation. Les résultats des épreuves ont démontré que l'enseignement fonctionnel et analytique a amélioré, de façon substantielle, la compétence sociolinguistique des élèves de l'immersion sur trois plans :

1. la capacité d'employer correctement et de manière appropriée le *vous* français dans des situations formelles;
2. la capacité d'employer, à l'écrit, le *vous* et les salutations de politesse dans des lettres formelles;

---

[11] Le philosophe anglais J. L. Austin, traduit en français en 1970, distingue trois aspects de l'acte qui consiste à faire quelque chose par la parole : 1. l'acte de *locution* (la production d'un énoncé signifiant); 2. l'acte *illocutoire* (ce qui est produit en disant quelque chose, le même énoncé pouvant être compris comme un conseil ou un ordre, par exemple); et 3. l'acte de *perlocution* (les conséquences d'un énoncé chez soi ou chez autrui).

3. l'aptitude à reconnaître quel niveau de français est approprié au contexte.

Lyster (1993 : 222) soutient que le curriculum multidimensionnel de Stern a ainsi permis d'offrir un cadre favorisant l'intégration de l'enseignement fonctionnel et analytique et de l'enseignement expérientiel dans les classes d'immersion. Les élèves du groupe expérimental ont été particulièrement réceptifs à un style d'enseignement privilégiant *feedback* et questions, intégrant approches analytique et expérientielle, favorisant enfin activités de communication et moments de réflexion sur ces mêmes activités. Ce type d'enseignement et cette sorte de matériel didactique peuvent donc contribuer à «défossiliser» des formes linguistiques inappropriées.

Il y a lieu de rapporter ici les travaux de Dicks (1992 : 37-59) qui a conduit une série d'observations dans différentes classes d'immersion (précoce, moyenne et tardive) dans le but de déterminer le degré d'enseignement analytique et d'enseignement expérientiel qui y étaient dispensés. Dicks rapporte que les enseignants des classes d'immersion précoce démontraient une pratique plus expérientielle que ceux des classes d'immersion tardive qui, eux, favorisaient une approche plus analytique (1992 : 48). La proportion d'enseignement analytique et expérientiel dans les classes d'immersion moyenne était équilibrée.

On ne peut pas terminer cette partie sans faire référence à d'autres recherches ou travaux qui vont aussi dans le sens de l'intégration de la langue et du contenu dans la didactique des langues. Par exemple, Snow, Met et Genesee (1989 : 201-217) proposent un modèle conceptuel permettant cette intégration et favorisant, pour la détermination des objectifs linguistiques, la collaboration entre les enseignants de langue et ceux qui enseignent une matière dans cette langue. Ces objectifs linguistiques découlent du programme de langue seconde, du programme des matières scolaires et de l'évaluation des besoins scolaires et communicatifs des élèves. Ils sont déterminés selon deux critères :

CHAPITRE 6

1. les objectifs linguistiques *obligatoires* et nécessaires pour faciliter la compréhension du contenu enseigné;

2. et les objectifs linguistiques *compatibles*, c'est-à-dire qui peuvent être enseignés naturellement dans le cadre d'une matière scolaire.

Puisque, dans le cas d'une classe d'immersion au primaire, c'est le même enseignant qui joue simultanément le rôle et du professeur de langue et de celui des matières scolaires, ce modèle lui offre un moyen systématique d'intégrer la langue et le contenu (Snow, Met et Genesee 1989 : 211).

Outre les modèles d'Allen, de Stern et de Snow, Met et Genesee, d'autres moyens d'intégration de la langue et du contenu ont été explorés pour les classes d'immersion :

1. par matières scolaires (Mian 1986 : 14);

2. par capacités langagières (Mian 1986 : 14-15);

3. par activités[12] (Mohan 1986 : 42-46 et Swain 1988 : 78-81);

4. par l'intégration des activités de compréhension, de production et de réflexion (Swain 1988 : 76-77);

5. par la variation systématique des contextes d'emploi de la langue présentés aux élèves (Swain 1988 : 76);

6. par l'obligation faite aux élèves de s'exprimer oralement et par écrit (Swain 1988 : 73-74) sur des sujets variés et pertinents;

7. par la contextualisation de l'emploi de la langue dans un environnement thématique et humain (Hanscombe 1990: 185);

8. par le recours à une méthodologie qui s'appuie sur la démarche scientifique[13], allant de l'expérience vécue à l'expression langagière (Conn 1991 : 1-36);

---

[12] Mohan (1986 : 42) définit ainsi une activité : c'est une «combinaison d'actions et de connaissances théoriques».

[13] Au primaire, on amorce l'enseignement par des expériences; puis on passe à l'étude des fonctions langagières nécessaires pour accomplir ces expériences en français; enfin on passe à la classe de langue et ensuite à la matière scolaire ou vice-versa. Le tout est relié au même thème.

9. par l'utilisation d'une méthodologie qui veut intégrer, au primaire, les objectifs des programmes de sciences humaines, de sciences de la nature, d'art dramatique et ceux de la langue seconde.

Selon Freeland (1992)[14] et d'après le récent programme-guide de la Direction de la formation générale des jeunes du ministère de l'Éducation du Québec (1992 : 3), on passe par l'expression corporelle pour arriver à la communication en langue seconde. Dans cette approche, les capacités en langue seconde ne constituent pas un préalable à l'expression. Le programme de français langue seconde puise une part de son contenu dans les sciences humaines et les sciences de la nature. Le recours à l'expression corporelle «vise à faire comprendre à l'élève que divers moyens s'offrent à lui pour communiquer et pour comprendre son environnement tant au plan des émotions que des connaissances» (Gouvernement du Québec, ministère de l'Éducation, Programme-guide primaire 1992 : 3).

3. VERS UNE RÉORIENTATION DES RECHERCHES EN IMMERSION

En 1986, Calvé constate que, sauf exception, «la recherche conduisant à une véritable théorie de l'enseignement en situation d'immersion est à peu près inexistante (contrairement, par exemple, à la recherche portant sur les résultats obtenus par les élèves ou sur leur développement cognitif et émotif)» [p. 24].

En 1987 paraît dans la *Revue canadienne des langues vivantes* un article de Tardif et Weber qui constatent que jusque-là la plupart des recherches dans les programmes d'immersion se sont préoccupées des effets de ce type de programme et des capacités des élèves qui en sont issus. Elles préconisent donc une nouvelle direction dans les travaux à venir en recomman-

CHAPITRE 6

---

[14] Selon Freeland (1992), le curriculum linguistique est fondé sur les objectifs des matières scolaires. La démarche pédagogique est à trois temps : 1. on fait percevoir la réalité; 2. on fait s'exprimer les élèves; 3. on les fait ensuite réagir à ce qu'ils ont vécu.

dant d'étudier les processus d'acquisition de la langue seconde ou les contextes dans lesquels cette acquisition se fait. Ces recherches seraient d'ordre ethnographique et utiliseraient une méthodologie qualitative permettant de décrire et d'interpréter ce qui se passe dans une salle de classe (1987 : 69).

De leur côté, Lapkin, Swain et Shapson (1990 : 638) dressent le bilan de vingt-cinq années de recherche en immersion en mettant en évidence les points suivants. La première vague des recherches porte surtout sur ses effets en ce qui concerne les capacités des élèves en français, en anglais, dans les matières scolaires enseignées dans la langue seconde. Ces travaux sont orientés vers le produit de l'immersion. Les rapports qui sont alors publiés sont, la plupart du temps, enthousiastes et donnent, comme le souligne Boiziau-Waverman (1991 : 104), l'illusion d'une réussite presque sans faille. Dans un deuxième temps, la recherche s'oriente vers une plus grande variété de sujets comme les facteurs administratifs à considérer pour l'implantation des programmes d'immersion, les aspects pédagogiques de l'enseignement en immersion et l'évaluation qualitative des capacités en langue seconde. Pour les années quatre-vingt-dix, Lapkin, Swain et Shapson proposent d'orienter les recherches en immersion dans trois grandes directions :

1. *Produit de l'immersion* :

1.1. effets linguistiques et scolaires de l'immersion sur l'anglais, sur le développement cognitif, sur le français et sur les autres matières scolaires;

1.2. aspects sociopsychologiques (attitudes linguistiques, tendances d'emploi de la langue, caractéristiques démographiques, question des transferts et de leur rythme, pertinence de l'immersion pour tous les élèves).

2. *Variables liées à l'enseignement et à l'apprentissage (le processus)* :

2.1. intégration de la langue et du contenu;

2.2. enseignement analytique et enseignement expérientiel;

2.3. enseignement expérientiel : stratégies pour provoquer et maintenir la production discursive des élèves;

2.4. enseignement expérientiel : techniques pour poser des questions.

3. *Formation et perfectionnement des enseignants*

3.1. adaptation de nouvelles approches pédagogiques pour le contexte immersif;

3.2. élaboration de programmes de formation et de perfectionnement;

3.3. qualifications et mise en marché des enseignants.

Ce ne sont là que les grandes orientations à l'intérieur desquelles des questions de recherche plus précises sont soulevées. Par exemple : «Comment intégrer dans l'enseignement du contenu les connaissances grammaticales et discursives (vocabulaire compris)» [p. 653]? Ou encore : «Quel est l'impact de l'immersion sur le marché du travail» (p. 651)? Enfin : «Est-ce que la qualité de l'enseignement et l'acquisition des connaissances sont affectées par la présentation de matières scolaires comme l'histoire par le truchement de la langue seconde» (p.647)? (Traduction libre.)

Ce sont là des questions fort intéressantes qui, selon Lapkin, Swain et Shapson, devraient avoir des implications importantes pour les parents, les administrateurs, les enseignants, les politiciens et, enfin, les chercheurs. On constate, par exemple, avec soulagement que la formation et le perfectionnement des enseignants en immersion ainsi que la pédagogie de l'immersion sont désormais des sujets de recherche. Mais ce programme de recherche ne semble pas vouloir attaquer de front l'enseignement du contenu culturel des classes d'immersion. De plus, rien n'est dit sur les problèmes de l'évaluation des capacités langagières et culturelles des élèves de l'immersion.

Ce dernier chapitre nous a permis de constater les points suivants. Malgré les difficultés et les résistances sociopolitiques rencontrées, l'immersion, intégrant l'enseignement dans la lan-

CHAPITRE 6

gue seconde et celui de la langue seconde, est officiellement reconnue comme une approche spéciale dans la pédagogie des langues au Canada. Le soutien officiel du Secrétariat d'État du Canada et l'action du commissaire aux langues officielles ont joué et jouent toujours des rôles déterminants dans la diffusion et le renforcement des programmes d'immersion au Canada. On note, cependant, que de nos jours le gouvernement fédéral cherche à rééquilibrer le soutien officiel en faveur des programmes de français de base.

L'immersion en français est également perçue comme un facteur soit de reproduction des structures sociales en place, soit de changement social. Sur ce dernier point, vu les critiques émises à l'égard de l'immersion, il y a encore beaucoup de chemin à parcourir.

Les incidences de l'immersion sur les communautés minoritaires de langue française au Canada sont à examiner avec soin. En effet, l'immersion est en même temps vue par ces minorités comme un facteur d'assimilation douce. Mais elle est également utilisée parfois comme moyen de refrancisation dans certaines régions du Canada.

Les effets de l'immersion sur l'Étude nationale sur les programmes de français de base sont évidents. Mais on note aussi que les recommandations de cette étude peuvent avoir des incidences de première importance sur la pédagogie de l'immersion. Pour la première fois dans l'histoire de l'enseignement des langues secondes au Canada, programmes d'immersion et programmes de base sont considérés comme complémentaires.

On remarque, enfin, que des années d'expérience dans la mise en place, le fonctionnement et l'évaluation de l'immersion ont abouti à des révisions de certaines considérations théoriques, à une redéfinition de certains principes méthodologiques, enfin à une réorientation des recherches. Il est temps maintenant de dresser un bilan de l'immersion.

TROISIÈME PARTIE

EN GUISE DE PROSPECTIVE

L'IMMERSION EN FRANÇAIS :
BILAN ET PROSPECTIVE

A) BILAN DE L'IMMERSION EN FRANÇAIS

Ce tour d'horizon a permis de voir la réputation enviable que les programmes d'immersion ont acquise au Canada et à l'étranger. En effet, l'immersion, en dépit de ce que certains soutiennent, a innové essentiellement sur deux plans : celui de l'enseignement des matières scolaires par le truchement de la langue seconde et celui de l'étude systématique des effets d'un tel renouvellement pédagogique.

Cette réputation de l'immersion est-elle entièrement justifiée? Avant de répondre à cette question, il convient d'énoncer quelques mises en garde. D'abord, l'expérience de l'immersion n'est pas encore assez vieille au Canada pour qu'on puisse émettre des jugements définitifs. Ensuite, en dépit de l'accroissement impressionnant du nombre des inscriptions, l'immersion ne touche qu'une petite partie de la clientèle scolaire canadienne d'expression anglaise inscrite à des cours de langue seconde. En outre, elle bénéficie d'une publicité bien faite à la suite de la publication de nombreux rapports de recherches, bien documentés, mais aussi d'origine très diverse et ayant eu tendance à étouffer longtemps les voix discordantes. Enfin, comme tout ce qui a trait à la langue française au Canada, les programmes d'immersion en français restent encore très politisés.

Les grandes lignes du bilan de l'immersion peuvent se résumer ainsi :

1. Personne ne conteste le succès de l'immersion en ce qui concerne le maintien et la qualité de l'anglais, langue première de la majorité des participants aux programmes.

2. On ne conteste pas non plus que l'immersion n'affecte en rien l'intégrité de la culture anglo-saxonne des élèves participants.

3. Pour ce qui est de l'apprentissage des matières scolaires, l'immersion donne, d'une manière générale, des résultats satisfaisants.

4. Les enfants normalement doués ou surdoués peuvent tous bénéficier de l'immersion. On constate, cependant, que peu de choses se font pour répondre aux besoins des surdoués en immersion. Les enfants atteints de faibles troubles d'apprentissage ou de problèmes affectifs mineurs peuvent également tirer profit des programmes d'immersion. Mais les enfants moins favorisés intellectuellement sont, bien sûr, désavantagés sur le plan des résultats scolaires exigeant des qualités intellectuelles associées avec la lecture et l'écriture. Enfin, les enfants souffrant de troubles sérieux de développement et de comportement risquent de ne pas tirer profit de l'immersion.

5. En revanche, les avis sont nettement partagés pour ce qui est de l'apprentissage du français. Calvé parle de succès historique (1991 : 15) parce que l'immersion a permis à ses participants de beaucoup mieux communiquer en français que les élèves étudiant cette langue dans des programmes réguliers. Mais Calvé (1991 : 11) fait aussi un double constat. En premier lieu, les élèves de l'immersion font beaucoup de fautes dont ils n'arrivent généralement pas à se débarrasser. En deuxième lieu, ils

communiquent, certes, mais, le plus souvent, seulement entre eux. Selon Lyster, ils semblent parler une langue seconde qu'eux seuls et leurs enseignants comprennent (Lyster 1987 : 716). Peut-on alors parler de succès historique? Pour Bibeau (1991), le succès est loin d'être évident, tant il est difficile d'évaluer objectivement la compétence en français des élèves de l'immersion. Ceux-ci comprennent, bien sûr, ce qu'on leur dit et ce qu'ils entendent mais Bibeau se demande si, «pour des raisons d'insuffisance sémantique et culturelle» (p.128), ils sont vraiment capables de saisir toute la portée des messages. En outre, «la moitié de leurs énoncés sont fautifs d'une manière ou d'une autre» (p.128).

6. L'accord est presque unanime pour regretter la faiblesse de la compétence interculturelle des élèves de l'immersion. Selon Calvé (1991), ceux-ci demeurent «relativement imperméables» à l'identité socioculturelle des Canadiens francophones, même si l'immersion les rend moins ethnocentriques, moins xénophobes et plus favorables à l'idée d'étudier et de travailler en français (p.14). Enfin, sur le plan des contacts avec la communauté et les manifestations culturelles de langue française, «les résultats [de l'immersion] sont assez décevants.» Quant à Bibeau (1991 : 130), il parle «d'aseptisation culturelle» comme conséquence de l'immersion.

7. On reconnaît que les efforts du gouvernement fédéral sur le plan de la promotion du bilinguisme et sur le plan de l'aide financière sont louables. Mais on se demande si les résultats obtenus jusqu'ici sont à la mesure des sommes importantes dépensées. Comme le soutient Calvé (1991: 14), «il faudra plus que les programmes d'immersion pour réaliser le grand rêve canadien d'une société entièrement bilingue et biculturelle».

CHAPITRE 7

B) PROSPECTIVE

La solution au débat touchant l'efficacité de l'immersion pour l'apprentissage du français démontre la nécessité d'une redéfinition claire et réaliste des objectifs linguistiques pour les aptitudes visées par chaque type de programmes et par chaque niveau scolaire (Calvé 1991 : 16).

À cet égard, le ministère de l'Éducation du Québec (Gouvernement du Québec, ministère de l'Éducation 1993 : 6-13) envisage, à partir de l'échelle d'évaluation, préparée par l'ACTFL[1], de la compétence fonctionnelle d'adultes apprenant une langue seconde, de définir trois niveaux de compétence langagière pour l'orientation de l'enseignement du français langue seconde et de l'immersion : un niveau «débutant bas et débutant moyen» (préscolaire), un autre allant de l' «intermédiaire bas à l'intermédiaire avancé» (primaire) et un dernier allant de l'intermédiaire «moyen» au niveau «avancé plus» (secondaire). À la fin des études secondaires, on envisage de sanctionner ainsi trois niveaux de compétence : un premier niveau «intermédiaire moyen» accordant le Diplôme d'études secondaires, un deuxième niveau «intermédiaire élevé à avancé», enfin un dernier niveau «avancé à avancé plus». Cette définition de la compétence en français langue seconde, visée par le ministère québécois de l'Éducation, s'accompagne de la notion de complémentarité entre l'enseignement traditionnel du français langue seconde et l'enseignement des matières en français qui caractérise les programmes d'immersion.

En outre est avancée la notion de «temps pivot», perçu comme le temps d'apprentissage requis par l'élève-type, c'est-à-dire par l'élève capable d'atteindre, dans un temps donné, les niveaux de compétence visés par les programmes d'études. Si un élève n'y parvient pas, le temps d'enseignement est ajusté à la hausse. En revanche, si un autre élève a déjà un bagage langagier et peut atteindre le même niveau de compétence plus rapidement, le temps d'enseignement est révisé à la baisse.

---

[1] American Council for the Teaching of Foreign Languages.

À chaque niveau (préscolaire, primaire et secondaire), trois modèles de cheminement sont prévus pour les élèves. Par exemple, au primaire, le premier cheminement (45 minutes de français par jour) intègre les objectifs de langue seconde à des objectifs linguistiques et conceptuels de deux matières scolaires. Le deuxième (1 h 30 par jour) ajoute au premier des modules d'enrichissement qui cherchent à intégrer le complément des objectifs des matières et le réinvestissement des objectifs de langue seconde. Enfin, le dernier modèle (50 % et plus du temps d'enseignement de la 1re à la 6e année) est identique au second, mais il comprend en outre l'enseignement en français d'autres matières scolaires.

«La structure pédagogique des modèles proposés s'appuie sur les prémisses suivantes :

- l'intégration des matières permet d'élargir les champs expérientiels des apprenants en langue seconde et, donc, de mettre à profit les besoins langagiers qui sont activés par le développement cognitif et conceptuel de l'enfant;

- l'expérience des vingt dernières années nous indique que le modèle de l'immersion (enseignement des matières en langue seconde) est un modèle efficace pour l'apprentissage du français langue seconde au Québec;

- comme toute habileté, l'habileté à communiquer se développe et se perfectionne par la pratique. L'élément temps consacré à ce développement est donc de première importance» (Gouvernement du Québec, ministère de l'Éducation 1993 : 8-9).

Pour l'avenir de l'immersion, Calvé recommande également la poursuite de recherches sur l'efficacité de l'immersion comparée à d'autres régimes pédagogiques de langues secondes en ce qui concerne le temps et l'intensité, ainsi que les situations d'emploi de la langue (1991 : 16). On pourrait ajouter d'autres variables mentionnées par Bibeau (1991 : 135), telles que la continuité et la qualité de l'enseignement, pour chercher à définir quels sont les contextes pédagogiques et sociaux dans lesquels l'immersion réussit le mieux. On pourrait ainsi mieux apprécier les véritables effets de l'immersion.

Sur le plan de la pédagogie de l'immersion, il y aurait lieu de se pencher sur les traits distinctifs de l'enseignement immersif comparés à ceux de la classe traditionnelle de langue et à ceux de l'enseignement des matières en langue première. Bibeau regrette (1991 : 131) le peu de connaissances acquises dans la pédagogie des matières enseignées dans la langue seconde. Il signale que ce vide affecte la qualité de l'enseignement et contribue au peu de satisfaction des élèves du secondaire qui quittent l'immersion. Dans ce type de recherche, les méthodes ethnographiques préconisées par Tardif et Weber (1987 : 68-77) seraient d'une grande utilité. Byram (1992 : 179) relève également le besoin de recherches empiriques dans l'application à l'enseignement des langues de la notion de «la langue à travers le programme d'études».

En outre, la question de la formation des enseignants en immersion est jugée par Calvé (1991 : 18) comme la préoccupation prioritaire pour la prochaine décennie. Certes, des progrès ont déjà été réalisés dans ce domaine depuis qu'on a identifié les besoins en formation et en perfectionnement (Wilton *et al.* 1984), des critères nationaux possibles dans ce domaine (Frisson et Rebuffot 1986 : 19-30), des exemples de formation universitaire (Frisson et Rebuffot 1986 : 80-123; Brine et Shapson 1989 : 51-66; Calvé 1990 : 114-125; Netten 1992 : 12-14; Rebuffot 1992 : 14-15 et Shapson et Day 1990), la dimension de la pénurie canadienne en professeurs d'immersion (Obadia 1989 : 15-24 et Majhanovich 1990 : 26-42) ou de grandes orientations de recherche (Lapkin, Swain et Shapson 1990 : 667).

Mais il reste encore beaucoup de questions à examiner, comme:

1. les incidences des programmes de formation en immersion sur les plans des pratiques, de la philosophie et de la politique scolaire;

2. les caractéristiques de l'efficacité de l'enseignement immersif;

3. les caractéristiques de l'efficacité des programmes de formation en immersion;

4. les façons de mettre en pratique les résultats des recherches afin de transformer les pratiques d'enseignement (Lapkin, Swain et Shapson 1990 : 668).

On regrette également que le problème épineux et complexe de la culture n'ait pas encore été attaqué de front par les chercheurs.

La définition de ce qu'on entend par *culture* dans le contexte immersif est à considérer en premier lieu (Calvé 1986 : 26-27). À cet égard, on pourrait partir d'une définition de la culture qui englobe la langue de la communauté francophone et les significations culturelles des actions et des manifestations d'individus ou de groupes d'individus (Byram 1992 : 116).

La difficulté que rencontre l'enseignement d'un contenu culturel réside non seulement dans la définition de la culture, mais aussi dans l'absence de modèle d'enseignement de la langue et de la culture. Pourtant, les enseignements tirés de l'immersion nous apprennent la nécessité de l'acquisition d'une compétence interculturelle pour rendre les élèves capables de communiquer avec les membres de la communauté de langue française. L'immersion doit ainsi répondre à un véritable défi culturel. L'arrivée de nombreux immigrants au Canada rend aujourd'hui ce défi encore plus grand.

Sur ce plan, Byram (1992 : 179) propose un modèle d'enseignement qui pourrait aider les programmes d'immersion. Ce modèle a quatre composantes. Le premier élément est celui de l'apprentissage de la langue seconde, comprenant non seulement l'apprentissage des structures linguistiques mais également la prise de conscience de sa dimension sociolinguistique et de ses emplois par les locuteurs natifs. La deuxième dimension

CHAPITRE 7

du modèle concerne la prise de conscience de la langue et permet l'analyse des liens que la langue entretient avec les phénomènes socioculturels. La troisième composante est celle de la prise de conscience de la culture. Elle a pour objectif le passage d'une compétence monoculturelle à une compétence interculturelle. Elle prend aussi en compte les composantes non linguistiques de la culture. La quatrième et dernière composante est celle de l'expérience directe de la culture sous formes d'échanges, de contacts, de visites, de voyages et de séjours. La part de chaque dimension dépend de la maturation et de la progression des apprenants ainsi que du temps accordé.

En outre, si l'immersion doit désormais trouver son deuxième souffle, il est temps de réfléchir à certains aspects culturels que les programmes d'immersion ont jusque-là négligés. Voici quelques questions sur lesquelles il serait utile de faire porter des recherches :

1. La culture a-t-elle sa place dans l'enseignement des matières en immersion? Si oui, quel est le contenu culturel des matières enseignées en langue seconde?

2. Quelle est la spécificité culturelle de la langue française? Comment peut-on la faire sentir et comprendre aux anglophones en immersion?

3. Voit-on le monde différemment selon que l'on étudie en français ou en anglais?

4. L'immersion peut-elle mettre en danger l'appartenance au groupe majoritaire? Peut-elle mettre en danger l'appartenance au groupe minoritaire?

5. Quelles valeurs culturelles les anglophones attachent-ils à leur langue? Ces valeurs sont-elles identiques à celles des francophones?

6. Quel doit être le contenu culturel d'une classe de français?

Enfin, sur le plan des recherches sur l'évaluation des apprentissages en immersion, on constate que peu de choses se sont encore faites, à l'exception du travail de Genesee aux États-Unis (Genesee 1991 : 57-82). Genesee a, en effet, récemment contribué à la mise sur pied de ressources pédagogiques dans le domaine de l'évaluation, organisées et produites par le Montgomery County School Board de Rockville au Maryland (Lorenz et Met 1991). Reprenant les idées émises en 1989 à propos d'un modèle d'intégration de la langue et du contenu (Snow, Met et Genesee 1989), Genesee définit avec précision trois types d'aptitudes langagières à évaluer en immersion (aptitudes langagières *obligatoires pour les matières scolaires*, aptitudes langagières *compatibles* avec celles-ci et aptitudes langagières *sociales*). Il donne ensuite une liste d'instruments de mesure, d'interprétation et d'évaluation (observations, entrevues, tenue de journaux, moyens pour enregistrer systématiquement la cueillette des données et batteries de tests). Ce travail pourrait, au Canada, servir de point de départ à la réflexion sur les enjeux de l'évaluation des aptitudes langagières et des connaissances scolaires des élèves en immersion.

Voilà donc brossé un tableau synthétique de l'immersion en français au Canada tel que l'auteur l'a perçu. Il comporte des aspects divers et contradictoires ouvrant, pour l'avenir, la voie à de nouveaux débats, à des recherches renouvelées et à des choix différents. C'est que la question de la connaissance des langues secondes ou étrangères est devenue un sujet d'actualité dans un monde en mouvement où la compétition économique, que ce soit en Amérique du Nord, en Europe ou en Asie, devient de plus en plus exigeante et difficile.

BIBLIOGRAPHIE

ADIV, E. (1980). *An Analysis of Second Language Performance in Two Types of Immersion Programs*. Thèse de doctorat. Montréal, McGill University, Department of Education in Second Languages, 297 p.

ADIV, E. (1984). «Trois dans deux». *Langue et société* 12, hiver.

ALLEN, J. P. B. (1983). «A three-level curriculum model for second-language educators». *Revue canadienne des langues vivantes* 40, 1, octobre.

ALLEN, J. P. B., M. SWAIN, B. HARLEY et J. CUMMINS (1990). «Aspects of classroom treatment : Toward a more comprehensive view of second language education». In *The Development of Second Language Proficiency*. B. Harley, P. Allen, J. Cummins et M. Swain (réd.). Cambridge, Cambridge University Press, 248 p.

ARTIGAL, J. M. (1991a). «The Catalan immersion program : The joint creation of shared indexical territory». *Journal of Multilingual and Multicultural Development* 12, 1–2.

ARTIGAL, J. M. (1991b). *The Catalan Immersion Program : A European Point of View*. Norwood, Ablex Publishing Corporation, 102 p.

AUSTIN, J. L. (1970). *Quand dire, c'est faire*. Paris, Éditions du Seuil, 184 p.

BAETENS BEARDSMORE, H. (1982). *Bilingualism. Basic Principles*. Clevedon, Multilingual Matters, 172 p.

BAKER, C. (1988). *Key Issues in Bilingualism and Bilingual Education*. Clevedon, Multilingual Matters, 222 p.

BEN-ZEV, S. (1977a). «The influence of bilingualism on cognitive development and cognitive strategy». *Child Development* 48.

BEN-ZEV, S. (1977b). «The effect of Spanish-English bilingualism in children from less privileged neighborhoods on cognitive development and cognitive strategy». *Working Papers on Bilingualism* 14.

BERTHOLD, M. (1992). «An Australian experiment in French immersion». *Revue canadienne des langues vivantes* 49, 1, octobre.

BESSETTE, E. et G. BIBEAU (1980). «Pour une politique cohérente d'enseigne-ment des langues secondes». Montréal, *Le Devoir*, 10 novembre.

BIBEAU, G. (1982). *L'éducation bilingue en Amérique du Nord*. Montréal, Guérin, 199 p.

BIBEAU, G. (1984). «Tout ce qui brille..». *Langue et société* 12, hiver.

BIBEAU, G. (1991). «L'immersion : ...de la coupe aux lèvres». *Études de linguistique appliquée* 82, avril-juin.

BILINGUAL EDUCATION PROJECT STAFF (1976). «French immersion programs in Canada». *Revue canadienne des langues vivantes* 32, 5, mai.

BOARD OF EDUCATION OF MONTGOMERY COUNTY (1990). *Total and Partial Immersion Language Programs in U.S. Elementary Schools 1989 in Foreign Language Immersion : An Introduction.* Teacher's Activity Manual. Rockville, Maryland, Montgomery County Public Schools, 79 p.

BOIZIAU-WAVERMAN, H. (1991). *L'immersion française au Canada à la croisée des chemins*. Paris, Université de la Sorbonne nouvelle, Paris III, 123 p.

BOLAND-WILLMS A., E. DUPONT, C. FLUETTE, F. LENTZ, L. MAURICE et E. MOLGAT (1988). «L'immersion française au Manitoba : quelques points de repère». *Québec français* 70, mai.

BOUCHARD, C. , F. ROCHER et G. ROCHER (1991). *Les francophones québécois*. Montréal, Conseil scolaire de l'île de Montréal, 87 p.

BRAUN, A. (1992). *Immersion scolaire et langue maternelle. Des francophones à l'école flamande*. Collection France et Société. Bruxelles, Service de la langue française, Direction générale de la Culture et de la Communication, 60 p.

BREHAUT, P. (1992). «Message for the 90s. The benefits of languages». *CPF National Newsletter 60*, winter.

BRINE, J. M. et S. M. SHAPSON (1989). «Case study of a teacher retraining program for French immersion». In *French Immersion. Process, Product and Perspectives*. S. Rehorick et V. Edwards (réd.). Welland, Ontario, *Revue canadienne des langues vivantes* , 428 p.

BRUCK, M. (1982). «Language disabled children : Performance in an additive bilingual education program». *Applied Psycholinguistics* 3.

BRUCK, M. (1985a). «Predictors of transfer out of early French immersion programs». *Applied Psycholinguistics* 6.

BRUCK, M. (1985b). «Consequences of transfer out of early French immersion programs». *Applied Psycholonguistics* 6.

BRUCK, M., W. LAMBERT et G.R. TUCKER (1976). *Cognitive Consequences of Bilingual Schooling : The St. Lambert Project Through Grade 6*. Document non publié. Montréal, McGill University, Department of Psychology.

BURNS, G.E. (1986). «French immersion implementation in Ontario : Some theoretical, policy, and applied issues». *Revue canadienne des langues vivantes* 42, 3, janvier.

BYRAM, M. (1992). *Culture et éducation en langue étrangère.* Paris, Hatier/Didier, 220 p.

CALVÉ, P. (1986). «L'immersion au secondaire : bilan et perspectives». *Contact* 5-3, octobre.

CALVÉ, P. (1990). «Immersion teacher education : The making of a professional». In *So You Want Your Child to Learn French!* 2nd revised edition. B. Fleming et M. Whitla (réd.) Ottawa, Canadian Parents for French, 146 p.

CALVÉ, P. (1991). «Vingt-cinq ans d'immersion au Canada, 1965-1990». *Études de linguistique appliquée* 82, avril-juin.

CALVÉ, P., H. H. STERN et A. MOLLICA (1985). «Introduction». *Revue canadienne des langues vivantes* 42, 2, novembre.

CANADIAN PARENTS FOR FRENCH and J. GIBSON (réd.) (1987). *The CPF Immersion Registry* 1986-87. Ottawa, Canadian Parents for French.

CANALE, M. (1983). «From communicative competence to communicative language pedagogy». In *Language and communication.* J.C. Richards and R.W. Schmidt (réd.). London, Longman.

CANALE, M. et M. SWAIN (1980). «Theoretical bases of communicative approaches to second language teaching and testing». *Applied Linguistics* 1, 1.

CAREY, S. T. (1989). «Pour ou contre le bilinguisme». In *Bilinguisme et enseignement du français.* G. Morcos (réd.). Montréal, Méridien, 21, 7.

CAREY, S. T. (1991). «Language, literacy and education». *Revue canadienne des langues vivantes* 47, 5, juillet.

CENTER FOR APPLIED LINGUISTICS (1989). *Immersion and Partial Immersion Language Programs in U.S. Elementary Schools.* Washington, D.C., Center for Applied Linguistics.

CHAIKOFF, D. (1991). *The Growth of French Immersion Programmes in Canada : Educational, Sociological and Political Implications.* Montréal, McGill University, Education in Second Languages, 87 p.

CHAMOT, A. U. et J. M. O'MALLEY (1987). «The cognitive academic language learning approach : A bridge to the mainstream». *TESOL Quaterly* 21, 3, June.

CHEESEMAN, H. R. (1949). In A. Isidro. *Ang wikang pambasa at ang paaralan.* Manilla, Bureau of Printing. Cité dans *The Bilingual Education of Children : The St. Lambert Experiment.* W.E. Lambert et G.R. Tucker. Rowley, Mass., Newbury House, 248 p.

CHOMSKY, N. (1965). *Aspects of the theory of syntax.* Cambridge, Mass., M.I.T. Press.

CLEGHORN, A. et F. GENESEE (1984). «Language in contact : An ethnographic study of interaction in an immersion school». *TESOL Quarterly* 18, 4, December.

CLERC, D. (1992). «Classes bilingues à Fribourg. Les dessous de la manœuvre». *Le Pays de Fribourg* 19, septembre.

CLIFT, D. (1984). «L'immersion et le pluralisme culturel». *Langue et société* 12, hiver.

COMMISSAIRE AUX LANGUES OFFICIELLES (1979 -1991). *Rapports annuels.* Ottawa, Ministère des Approvisionnements et Services Canada.

COMMISSAIRE AUX LANGUES OFFICIELLES (1992). *Rapport annuel 1991.* Ottawa, Ministère des Approvionnements et Services Canada, 200 p.

COMMISSION ROYALE D'ENQUÊTE SUR L'ENSEIGNEMENT DANS LA PROVINCE DE QUÉBEC (1964). *Les structures pédagogiques du système scolaire,* tome II. *Les programmes d'études.* Montréal, Imprimerie Pierre Des Marais pour le gouvernement de la province de Québec.

CONN, P. (1991). *L'écologie en action.* Beaconsfield, Québec, Commission scolaire Lakeshore, 36 p.

COOLAHAN, J. (1981). *Irish Education : History and Structure.* Dublin, Institute of Public Administration.

CORBEIL, J.C. (1980). *L'aménagement linguistique du Québec.* Montréal, Guérin, 154 p.

CPF (CANADIAN PARENTS FOR FRENCH) [1985]. «Who had the first immersion public school?» *CPF National Newsletter* 29.

CUMMINS, J. (1975). «Immersion programs : The Irish experience». *International Review of Education* 24, 4.

CUMMINS, J. (1976). «The influence of bilingualism on cognitive growth : a development in young children». *Working Papers on Bilingualism* 9.

CUMMINS, J. (1978). «Educational implications of mother tongue maintenance in minority-language groups». *Revue canadienne des langues vivantes* 34, février.

CUMMINS, J. (1979). «Linguistic interdependence and the educational development of bilingual children». *Review of Educational Research* 49.

CUMMINS, J. (1981). *Bilingualism and Minority-Language Children.* Toronto, The Ontario Institute for Studies in Education, 45 p.

CUMMINS, J. et M. SWAIN (1986). *Bilingualism in Education.* London et New York, Longman, 235 p

CZIKO, G. , W. E. LAMBERT, N. SIDOTI et G.R. TUCKER (1979). «Graduates of early immersion : Retrospective views of grade 11 students and their parents». In *So You Want Your Child to Learn French!* B. Mlacak et E. Isabelle (réd.). Ottawa, Canadian Parents for French, 146 p.

DAY, E. M. et S. M. SHAPSON (1991). «Integrating formal and functional approaches to language teaching in French immersion : An experimental study». *Language Learning* 41, 1, March.

DELGADO, L. (1992). «Learning more than language». *Boston Globe* 241-108, April 17, 1992, p.1 et 20.

DEMAT, M. et J. LALOUP (1964). *Le monde gréco-romain*, tome 1. Liège/Paris, H. Dessain, 215 p.

DIALOGE 4/2 (1986). «Programmes de langues : collaboration fédérale-provinciale». Numéro spécial, septembre.

DICKS, J. E. (1992). «Analytic and experiential features of three French immersion programs : Early, middle and late». *Revue canadienne des langues vivantes* 49, 1, octobre.

DILK, F. (1992). *L'enseignement bilingue franco-allemand au Friedrich-Ebert-Gymnasium*, Bonn, RFA. Document non publié. Neuchâtel, Journée d'information sur l'enseignement des langues par immersion, octobre.

DILLER, K. et T. WALSH (1981). «Neurolinguistic considerations on the optimum age for second language learning». In *Individual Differences and Universals in Language Learning Aptitude*. K. Diller (réd.). Rowley, Mass. , Newbury House.

DUBÉ, N. C. et G. HÉBERT (1975). *St. John Valley Bilingual Education Project : Five-Year Evaluation Report* 1970-75. Rapport présenté au U.S. Department of Health, Education and Welfare.

DULAY, H. C. et M. K. BURT. (1976). «Creative construction in second language learning and teaching». *Language Learning* 4, 65.

DUMAS, G. , L. SELINKER et M. SWAIN (1973). «L'apprentissage du français langue seconde en classe d'immersion dans un milieu torontois». *Working Papers on Bilingualism* 1.

DUNN, K. (1991). «French immersion called a drain on English schools». Montréal, *The Gazette*, 28 novembre, p. A3.

EDWARDS, H. P. et F. SMYTH (1976). «Alternatives to early immersion programs for the acquisition of French as a second language». *Revue canadienne des langues vivantes* 32, 5, mai.

EDWARDS, V. (1984). «À la recherche de l'égalité linguistique». *Langue et société* 12, hiver.

EDWARDS, V. (1991). «Études postsecondaires et immersion». *Études de linguistique appliquée* 82, avril-juin.

EKSTRAND, L.H. (1978). *Bilingual and Bicultural Adaptation*. Document non publié. Stockholm, University of Stockholm.

ELLIS, R. (1985). *Understanding Second Language Acquisition*. Oxford, Oxford University Press, 327 p.

FINNÄS, F. (1990). «Bilingualism in Finland from a demographer 's point of view». *Multilingualism in the Nordic Countries and Beyond.* Papers from the 6th Nordic Conference on Bilingualism. K. Herberts et C. Laurén (réd.), Vaasa, Finland, 376 p.

FISHMAN, J. A. (1971). *Sociolinguistique.* Bruxelles, Labor et Paris, Nathan, 160 p.

FREELAND, E. (1992). Présentation orale des «Orientations de l'enseignement du français langue seconde et de l'immersion». Montréal, McGill University, Department of Education in Second Languages, janvier.

FRISSON-RICKSON, F. et J. REBUFFOT (1986). *La formation et le perfectionnement des professeurs en immersion : pour des critères nationaux.* Ottawa, Association canadienne des professeurs d'immersion, 175 p.

FULLAN, M. (1982). *The Meaning of Educational Change.* Toronto, OISE Press.

GARDNER, R. C. (1986). *Social Psychological Aspects of Second Language Learning.* London, Edward Arnold.

GARDNER, R. C. et W. E. LAMBERT (1972). *Attitudes and Motivation in Second-Language Learning.* Rowley, Mass. Newbury House, 316 p.

GENESEE, F. (1978a). «A longitudinal evaluation of an early immersion school program». *Canadian Journal of Education* 3.

GENESEE, F. (1978b). «Second language learning and language attitudes». *Working Papers on Bilingualism* 16.

GENESEE, F. (1981). «Bilingualism and biliteracy : A study of cross-cultural contact on a bilingual community». In *The Social Psychology of Reading.* J. R. Edwards (réd.). Silver Spring, Maryland, Institute of Modern Languages.

GENESEE, F. (1987). *Learning Through Two Languages. Studies of Immersion and Bilingual Education.* Cambridge, Mass., Newbury House, 213 p.

GENESEE, F. (1988). «L'immersion française : une histoire à succès». *Québec français* 70, mai.

GENESEE, F. (1990). «Beyond bilingualism : Sociocultural studies in immersion». In *So You Want Your Child to Learn French!* B. Fleming et M. Whitla (réd.). Ottawa, Canadian Parents for French, 146 p.

GENESEE, F. (1991). «L'immersion et l'apprenant défavorisé». *Études de linguistique appliquée* 82, avril-juin.

GENESEE, F. (1991). «Assessment in the immersion classroom». In *Assessment in the Immersion Classroom. Teacher's Activity Manual.* E. B. Lorenz et M. Met. Rockville, Maryland, Montgomery County Public Schools, 87 p.

GENESEE, F. et R. Y. BOURHIS (1982). «The social psychological consequences of code switching in cross-cultural communication». *Journal of Language and Social Psychology* 1, 1.

GERMAIN, C. (1993). *Évolution de l'enseignement des langues : 5000 ans d'histoire.* Paris/Montréal, Clé International/Hurtubise HMH, 351 p.

GERMAIN, C. (1993). *L'approche communicative en didactique des langues*. Montréal, Centre Éducatif et Culturel, 129 p.

GIROUX, H. A. (1983). «Theories of reproduction and resistance in the new sociology of education. A critical analysis». *Harvard Educational Review* 53, 3, August.

GOODMAN, K. (1989). *Le pourquoi et le comment du langage intégré*. Richmond Hill, ON, Scholastic, 80 p.

GOUVERNEMENT DE LA NOUVELLE-ÉCOSSE (1992). Ministère de l'Éducation. *Guide d'immersion précoce. Maternelle à la 6ᵉ année*. Halifax, ministère de l'Éducation, 520 p.

GOUVERNEMENT DU QUÉBEC (1977).*Charte de la langue française*. Québec, Éditeur officiel du Québec.

GOUVERNEMENT DU QUÉBEC (1990). *Français langue seconde. Mesures de soutien pédagogique*. Québec, ministère de l'Éducation, 16 p.

GOUVERNEMENT DU QUÉBEC (1990). *L'Éducation en 1990-1991, le point*. Québec, ministère de l'Éducation, 36 p.

GOUVERNEMENT DU QUÉBEC (1992). *Programme-guide. Primaire. Français langue seconde et immersion*. Version préliminaire. Québec, ministère de l'Éducation, Direction de la formation générale des jeunes, 42 p.

GOUVERNEMENT DU QUÉBEC (1993). *La langue seconde : un atout indispensable. Propos sur le français langue seconde. Orientations de l'enseignement du français langue seconde et de l'immersion*. Québec, ministère de l'Éducation, Direction générale des programmes, 31 p.

GROUPE DE TRAVAIL : ÉCOLE BILINGUE DE FRIBOURG et C. BROHY (1992). *Une école bilingue à Fribourg?* Fribourg, 32 p.

GUSTAFSON, R. L. (1983). *A Comparison of Errors in the Spoken French of Grade Two, Four and Six Pupils Enrolled in a French Immersion Program*. Cité dans H. Hammerly. *French Immersion. Myths and Reality*. Calgary, Detselig Enterprises Ltd, 164 p.

HACQUARD, G, J. DAUTRY et O. MAISANI (1952). *Guide romain antique*. Paris, Hachette, 224 p.

HAKUTA, K. (1986). *Mirror of Language. The Debate on Bilingualism*. New York, Basic Books, 268 p.

HAMERS, J.F. et M. BLANC (1983). *Bilingualité et bilinguisme*. Bruxelles, Pierre Mardaga.

HAMMERLY, H. (1982). *Synthesis in Second Language Teaching*. North Burnaby, B.C., Second Language Publications, 693 p.

HAMMERLY, H. (1987). «The immersion approach : Litmus test of second language acquisition through classroom communication». *The Modern Language Journal* 71-ɪᴠ.

HAMMERLY, H. (1989). *French Immersion : Myths and Reality*. Calgary, Detselig Enterprises Ltd, 164 p.

HANSCOMBE, J. (1990). «The complementary role of researchers and practitioners in second language education». In *The Development of Second Language Proficiency*, B. Harley, P. Allen, J. Cummins et M. Swain. Cambridge, Cambridge University Press, 248 p.

HARLEY, B. (1984). «Mais apprennent-ils vraiment le français?» *Langue et société* 12, hiver.

HARLEY, B. (1986). *Age in Second Language Acquisition*. Clevedon, Multilingual Matters, 144 p.

HARLEY, B. (1989). «Functional grammar in French immersion : A classroom experiment». *Applied Linguistics* 10, 3.

HARLEY, B. (1991). *The Role of Grammar Teaching in French Immersion*. Montréal : Congrès de l'Association canadienne des professeurs d'immersion, 8 novembre.

HARLEY, B. (1992). «Review of David Singleton. (1989). Language acquisition : The age factor. Multilingual matters». In *Applied Linguistics* 13, 3.

HARLEY, B. et M. L. KING (1989). «Verb lexis in the written compositions of young L2 learners». *Studies in Second Language Acquisition* 11.

HARLEY, B. ET M. SWAIN (1978). «An analysis of the verb system used by young learners of French». *Interlanguage Studies Bulletin* 3, 1.

HARLEY, B. ET M. SWAIN (1984). «The interlanguage of immersion students and its implications for second language teaching. In *Interlanguage*. A. Davies, C. Crisper et A.P.R. Howatt (réd.). Edinburgh, Edinburgh University Press.

HARLEY, B. , A. d'ANGLEJAN et S. M. SHAPSON (1990). *National Core French Study. The Evaluation Syllabus*. Ottawa, Canadian Association of Second Language Teachers, 156 p.

HARLEY, B., P. ALLEN, J. CUMMINS et M. SWAIN (1990). *The Development of Second Language Proficiency*. Cambridge, Cambridge University Press, 248 p.

HÉBERT, Y. (1990). *Étude nationale sur les programmes de français de base. Syllabus Formation langagière générale*. Ottawa, Association canadienne des professeurs de langues secondes, 101 p.

HEFFERNAN, P. J. (1979). «French immersion : Méthode possible pour la refrancisation de francophones assimilés?». *Revue canadienne des langues vivantes* 36, 1, octobre.

HENCHEY N. et D. BURGESS (1987). *Between Past and Future. Quebec Education in Transition*. Calgary, Detselig, 294 p.

HIGGS, T. et R. CLIFFORD (1982). «The push toward communication». In *Curriculum, Competence, and the Foreign Language Teacher*. T. Higgs (réd.). *The ACTFL Foreign Language Education Series* 13. Lincolnwood, National Textbook Co.

HULLEN J. et F. LENTZ (1991). «Pour une rentabilisation des pratiques pédagogiques en immersion». *Études de linguistique appliquée* 82, avril-juin.

IANCO-WORRALL, A. (1972). «Bilingualism and cognitivre development». *Child Development* 43.

JONES, G. E. (1990). «Aspects of the linguistic competence of Welsh immersion program pupils». *Multilingualism in the Nordic Countries and Beyond*. K. Herberts et C. Laurèn (réd.). Papers from the Sixth Nordic Conference on Bilingualism. Vasa, Finland, Institutet för finlandssvensk samhällsforskning 13, 376 p.

JONES, J. (1984). «Un reflet de notre diversité culturelle». *Langue et société* 12, hiver.

JOURNAL OFFICIEL DES COMMUNAUTÉS EUROPÉENNES (1989). «Décision du Conseil du 28 juillet 1989 établissant un programme d'action visant à promouvoir la connaissance de langues étrangères dans la Communauté européenne (*Lingua*)». L 239, 24, 16 août 1989.

KRASHEN, S. D. (1982). *Principles and Practice in Second Language Acquisition*. Oxford, Pergamon Press, 202 p.

KRASHEN, S. D. (1984). «[L'immersion] Le pourquoi de sa réussite». *Langue et société* 12, hiver.

KRASHEN, S. D. (1985a). *The Input Hypothesis : Issues and Implications*. New York, Longman, 120 p.

KRASHEN, S. D. (1985b). *Inquiries and Insights*. Hayward, CA, Alemany Press, 146 p.

LACOURSIÈRE, J. et D. VAUGEOIS (réd.) (1970). *Canada-Québec. Synthèse historique*. Montréal, Éditions du Renouveau Pédagogique, 619 p.

LAMBERT, W. E. (1977). «The effects of bilingualism on the individual : cognitive and sociocultural consequences». In *Bilingualism : Psychological, Social and Educational Implications*. P.A. Hornby (réd.). New York, Academic Press.

LAMBERT, W. E. (1980). «L'immersion française a fait ses preuves». Montréal, *Le Devoir*, 24 novembre.

LAMBERT, W. E. (1981). «Bilingualism and language acquisition». In *Native Language and Foreign Language Acquisition*. H. Winitz (réd.). New York, The New York Academy of Sciences, 379 p.

LAMBERT, W. E. et J. MACNAMARA (1969). «Some cognitive consequences of following a first-grade curriculum in a second language». *Journal of Educational Psychology* 60.

LAMBERT, W. E. et G. R. TUCKER (1972). *The Bilingual Education of Children : The St. Lambert Experiment*. Rowley, Mass., Newbury House, 248 p.

LAMONT, D., W. PENNER, T. BLOWER, H. MOSYCHUK et J. JONES (1978). «Evaluation of the second year of a bilingual (English-Ukrainian) program». *Revue canadienne des langues vivantes* 34, 2, janvier.

LAPKIN, S., M. SWAIN et V. ARGUE (1983). *French Immersion : The Trial Balloon That Flew*. Toronto, The Ontario Institute for Studies in Education, 26 p.

LAPKIN, S. et M. SWAIN (1984). «Faisons le point». *Langue et société* 12, hiver.

LAPKIN, S., M. SWAIN et S..SHAPSON (1990). «French immersion agenda for the 90's». *Revue canadienne des langues vivantes* 46, 4, mai.

LE PETIT LAROUSSE ILLUSTRÉ (1993). Paris, Larousse, 1776 p.

LeBLANC, C., C. COURTEL et P. TRESCASES (1990). *Étude nationale sur les programmes de français de base. Syllabus culture*. Ottawa, Association canadienne des professeurs de langues secondes, 119 p.

LeBLANC, R. (1990). *Étude nationale sur les programmes de francais de base. Rapport synthèse*. Ottawa, Association canadienne des professeurs de langues secondes, 121 p.

LeBLANC, R. (1990). *National Core French Study. A Synthesis*. Ottawa, Canadian Association of Second Language Teachers, 115 p.

LEBRUN, M. (1988). «L'immersion, une formule pédagogique à repréciser». *Québec français* 70, mai.

LEGENDRE, R. (1988). *Dictionnaire actuel de l'éducation*, Paris/Montréal, Larousse.

LENNEBERG, E. (1967). *Biological Foundations of Language*. New York, John Wiley.

LIEDKE, W. W. et L. D. NELSON (1968). «Concept formation and bilingualism». *Alberta Journal of Educational Research*, 14.

LIGHTBOWN P., J. RAND et N. SPADA (1989). *Language Acquisition. Module de perfectionnement collectif en didactique de l'anglais langue seconde. Module 1. Workshop Leader's Manual*. Québec, Ministère de l'Éducation, Direction générale des programmes, 299 p.

LYSTER, R. (1987). «Speaking immersion». *Revue canadienne des langues vivantes* 43, 4, mai.

LYSTER, R. (1990). «The role of analytic language teaching in French immersion programs». *Revue canadienne des langues vivantes* 47, 1, octobre.

LYSTER, R. (1993). *The Effect of Functional-Analytic Teaching On Aspects of Sociolinguistic Competence : A Study in French Immersion Classrooms at the Grade Eight Level*. Thèse de doctorat (Ph.D). Toronto, University of Toronto, Ontario Institute for the Studies in Education (OISE), 350 p.

MACNAMARA, J. (1966). *Bilingualism and Primary Education. A Study of Irish Experience*. Edinburgh, Edinburgh University Press, 173 p.

MAGUIRE, M. (1987). «Is writing a story in a second language more complex than in a first language? Children's perceptions». *Carleton Papers in Applied Linguistics* IV.

MAGUIRE, M. (1989). *Middle Grade French Immersion Children's Perceptions and Productions of English and French Written Narrations.* Thèse de doctorat (Ph. D) Tucson, University of Arizona, 705 p.

MAJHANOVCH, S. (1990). «Challenge for the 90s : The problem of finding qualified staff for French core and immersion programs».In *French Immersion. Process, Product and Perspectives.* S. Rehorick et V. Edwards (réd.). Welland, Ontario, *Revue canadienne des langues vivantes*, 428 p.

MARTEL, A. (1991). *Les droits scolaires des minorités de langue officielle au Canada : de l'instruction à la gestion.* Ottawa, Commissariat aux langues officielles, 409 p.

MÄSCH, N. (1992). «The German model of bilingual education : An administrator's perspective». À paraître in *European Models of Bilingual Education.* H. Baetens Beardsmore. Clevedon, Multilingual Matters.

McALPINE, L. (1992). «Language, literacy and education : Case studies of Cree, Inuit and Mohawk communities». *Canadian Children, Journal of the Canadian Association for Young Children* 17, 1, spring.

McGILLIVRAY, W. R. (1984). «Les systèmes scolaires mis au défi». *Langue et société* 12, hiver.

MIAN, C. (1986). «Integrating language and content through skill development». *Contact* 5, 3, octobre.

MIGNERON, M. (1989). «L'expérience des cours encadrés». In *L'enseignement des langues secondes aux adultes : recherches et pratiques.* R. Leblanc *et al.* (réd.). Ottawa, Les Presses de l'Université d'Ottawa, 245 p.

MOHAN, B.A. (1986). *Language and Content.* Reading, Mass., Addison-Wesley, 143 p.

MONTGOMERY COUNTY PUBLIC SCHOOLS (1989). *Foreign Language Immersion : An Introduction.* E. B. Lorenz et M. Met (réd.). Rockville, Md., Board of Education of Montgomery County, 79 p.

MOSIMANN-BARBIER, M.C. (1990). «L'essor des programmes d'immersion dans l'Ontario et sa signification». Rouen : Université de Rouen. In *L'immersion française au Canada à la croisée des chemins.* H. Boiziau-Waverman. Paris, Université de la Sorbonne nouvelle, Paris III, 123 p.

MURTAGH, L. (1990). «Marketing the Irish language in North Tipperary». *Irish Educational Studies* 9, 1.

NELSON, J. et J. REBUFFOT (1984). «A sociolinguistic study of Montreal». *Revue canadienne des langues vivantes* 40, 3, mars.

NETTEN, J. (1992). «La formation des enseignants en immersion : perspectives de Terre-Neuve. *Journal de l'immersion* 16, 1, octobre.

OBADIA, A. (1981). «Procédés de prévention ou de correction de fautes orales en immersion». *Les Nouvelles de l'ACPI* 4, 3, septembre.

OBADIA, A. (1989). «La crise est arrivée : la croissance des programmes de français langue seconde et ses répercussions sur la qualité et le nombre des enseignants». In *French Immersion. Process, Product and Perspectives.* S. Rehorick et V. Edwards (réd.). Welland, Ontario, *Revue canadienne des langues vivantes* , 428 p.

OUELLET, M. (1990). *Synthèse historique de l'immersion française au Canada suivie d'une bibliographie sélective et analytique.* Québec, Centre international de recherche sur le bilinguisme, 261 p.

PAINCHAUD, G. (1990). *Étude nationale sur les programmes de français de base. Syllabus langue.* Ottawa, Association canadienne des professeurs de langues secondes, 106 p.

PAWLEY, C. (1984). «How bilingual are French immersion students?» *Research Report* 84-10. Ottawa, Research Center of the Ottawa Board of Education.

PEAL, E. et W. E. LAMBERT (1962). «The relation of bilingualism to intelligence». *Psychological Monographs* 76.

PEAT, MARWICK et ASSOCIÉS et S. CHURCHILL (1987). *Évaluation du Programme des langues officielles dans l'enseignement. Rapport final.* Ottawa, Direction de l'évaluation des programmes, Secrétariat d'État, 172 p.

PENFIELD, W. et L. ROBERTS (1959). «Speech and brain mechanisms». In *Learning Through Two Languages. Studies of Immersion and Bilingual Education.* F. Genesee. Cambridge, Mass., Newbury House, 213 p.

PELLERIN M. et H. HAMMERLY (1986). «L'expression orale après treize ans d'immersion française». Cité dans *French Immersion. Myths and Reality.* H. Hammerly, 164 p.

PLOURDE, M. (1988). *La politique linguistique du Québec 1977-1987.* Montréal, Institut québécois de recherche sur la culture, 143 p.

POLICH, E. (1974). *Report on the Evaluation of the Lower Elementary French Immersion Program Through Grade 3.* Montreal, Protestant School Board of Greater Montreal.

POYEN, J. (1985). «Core French programs across Canada». *Revue canadienne des langues vivantes* 42, 2, novembre.

PRATOR, C. H. (1950). *Language Teaching in the Philippines.* Manilla, U.S. Educational Foundations in the Philippines.

REBUFFOT, J. (1988). «L'immersion en français : l'heure du bilan?» *Québec français* 70, mai.

REBUFFOT, J. (1991a). *L'immersion française : échec ou réussite?* Document non publié. Montréal, Université du Québec à Montréal, Département de linguistique, mars.

REBUFFOT, J. (1991b). «L'immersion en français : échec ou réussite?» Présentation au 15ᵉ congrès de l'Association canadienne des professeurs d'immersion. Montréal, 7 novembre.

REBUFFOT, J. (1991c). *Rapport de mission à Lagos et à Badagry (Nigeria).* Montréal, McGill University, Department of Education in Second Languages, 11p.

REBUFFOT, J. (1992). «La formation initiale des enseignantes et des enseignants en immersion française à McGill». *Le Journal de l'immersion* 16, 1, octobre.

REBUFFOT, J. et D. SMITH (1981). Problèmes linguistiques et méthodologiques dans l'enseignement de l'histoire en immersion. Document non publié. Montréal, McGill University, Department of Education in Second Languages, février.

SEIDMAN, K. (1987). «Francophone tide flooding English school boards». Montreal, *The Gazette,* 12 décembre.

SELINKER, L. (1972). «Interlanguage». *International Review of Applied Linguistics* 10.

SELINKER, L., M. SWAIN et G. DUMAS (1975). «The interlanguage hypothesis extended to children». *Language Learning* 25, 1.

SHAPSON, S. M. et E. DAY (1990). «Recent issues in immersion teacher education». Congrès de l'ACPI. Vancouver, novembre.

SHAPSON, S. M. et D. KAUFMAN (1977). «Overview of elementary French programs in British Colombia : issues and research». Présentation donnée à la Conference on Second Language Learning. Edmonton, Faculté Saint-Jean.

SHAPSON, S. M. et D. KAUFMAN (1978). «A study of a late immersion French program in secondary school». *Revue canadienne des langues vivantes* 34, 2, janvier.

SINGH, R. (1986). «Immersion : Problems and principles». *Revue canadienne des langues vivantes* 42, 3, janvier.

SKUTNABB-KANGAS, T. et TOUKOMAA, T. (1976). *Teaching Migrant Children's Mother Tongue and Learning the Language of the Host Country in the Context of the Sociocultural Situation of the Migrant Family.* Helsinki, The Finnish National Commission for UNESCO.

SMITH, M. M. et J. A. LEROUX (1989). «Une analyse des écrits récents sur l'enrichissement pour élèves surdoués en classe régulière du cycle primaire : implications pour l'immersion française». In *French Immersion : Process, Product and Perspectives.* S. Rehorick and V. Edwards (réd). 1992. Welland, Ontario, *The Canadian Modern Language Review,* 428 p.

SNOW, M. A. (1987). Immersion *Teacher Handbook. Educational Report Series.* Los Angeles, Center for Language Education and Research, University of California.

SNOW, M. A., M. MET et F. GENESEE (1989). «A conceptual framework for the integration of language and content in second/foreign language instruction». *TESOL Quarterly* 23, 2, June.

STERN, H. H. (1978). «French immersion in Canada : Achievements and directions». *Revue canadienne des langues vivantes* 34, 5, mai.

STERN, H. H. (1980). «Directions in foreign language curriculum development». Présentation faite à l'ACTFL National Conference on Professional Priorities. Boston, novembre.

STERN, H. H. (1981). «Communicative language teaching and learning : Toward a synthesis». In *The Second Language Classroom : Directions for the 1980s.* J. E. Alatis *et al.* (réd.). New York, Oxford University Press, p. 133-148.

STERN, H. H. (1983a). «Toward a multidimensional foreign language curriculum». In *Foreign Languages : Key Links in the Chain of Learning.* R.G. Mead (réd.). Middlebury, Northeast Conference, p. 120-146.

STERN, H. H. (1983b). *Fundamental Concepts of Language Teaching.* Oxford, Oxford University Press, 582 p.

STERN, H. H. (1984). «L'immersion : une expérience singulière». *Langue et société* 12, hiver.

STERN, H. H. (1990). «Analysis and experience as variables in second language pedagogy». In *The Development of Second Language Proficiency.* B. Harley, P. Allen, J. Cummins et M. Swain (réd.). Cambridge, Cambridge University Press.

STERN, H. H. (1992). *Issues and Options in Language Teaching.* P. Allen and B. Harley (réd.). Oxford, Oxford University Press, 404 p.

STEVENS, F. (1983). «Activities to promote learning and communication in the second language classroom». *TESOL Quaterly* 17, 2, June.

SUTHERLAND, H. (1990). «Multi-ethnic schools on South Shore meet the needs of Quebec for the 90s». Montréal, *The Gazette*, March 25, p. A6.

SWAIN, M. (1979). «What does research say about immersion education». In *So You Want Your Child to Learn French!* B. Mlacak et E. Isabelle (réd.). Ottawa, Canadian Parents for French, 146 p.

SWAIN, M. (1984). «A review of immersion education in Canada : Research and evaluation studies». In *Language Issues and Education Policies.* P. Allen et M. Swain (réd.). Oxford, Pergamon Press & The British Council, 160 p.

SWAIN, M. (1985). «Communicative competence : some roles of comprehensible input and comprehensible output in its development». In *Input in Second Language Acquisition.* S. Gass & C. Madden (réd.). Rowley, Mass., Newbury House.

SWAIN, M. (1988). «Manipulating and complementing content teaching to maximize second language learning». *TESL Canada Journal* 6. 1, November.

SWAIN, M. et S. LAPKIN (1981). *Bilingual Education in Ontario : A Decade of Research.* Toronto, Ministry of Education, 175 p.

SWAIN, M. et S. LAPKIN (1982). *Evaluating Bilingual Education : A Canadian Case Study.* Clevedon, England, Multilingual Matters.

SWAIN, M. et S. LAPKIN (1986). «Immersion French in secondary schools : 'the goods' and the 'bads'». *Contact* 5, 3, octobre.

SZAMOSI, M., M. SWAIN et S. LAPKIN (1979). «Do early immersion pupils 'know' French?». *Orbit* 20-23.

TAINTURIER, H. (1988). «Les jeunes anglophones sont de plus en plus bilingues et heureux de l'être». *La Presse*, 20 février.

TARDIF, C. (1991). «Quelques traits distinctifs de la pédagogie d'immersion». *Études de linguistique appliquée* 82, avril-juin.

TARDIF, C. et S. WEBER (1987). «French immersion research : A call for new perspectives». *Revue canadienne des langues vivantes* 44, 1, octobre.

TATTOO, M. A. (1983). «A comparative analysis of grammatical errors in the written code between grade eleven immersion French and grade eleven core French». Cité dans *French Immersion. Myths and Reality*. H. Hammerly, 164 p.

THOMAS, P.W. (1991). «Children in Welsh-medium education : Semilinguals or innovators?». *Journal of Multilingual and Multicultural Development* 12, 1-2.

TREMBLAY, R., M. DUPLANTIE et D. HUOT (1990). *National Core French Study. The Communicative/Experiential Syllabus*. Ottawa, Canadian Association of Second Language Teachers, 102 p.

TROTTIER, G. et G. KNOX (1992). «Coup d'œil sur l'apprentissage coopératif». *Le Journal de l'immersion*, février.

TOUKOMAA, P. et SKUTNABB-KANGAS, T. (1977). *The Intensive Teaching of the Mother Tongue to Migrant Children of Pre-School Age and Children in the Lower Level of Comprehensive School*. Helsinki, The Finnish National Commission for UNESCO.

TOUPIN, L. (1986). «Une terminologie en immersion propre à l'Association canadienne des professeurs d'immersion». *Les nouvelles de l'ACPI / The CAIT News* 9, 2.

TRITES, R. L. et P. MORETTI (1986). *Assessment of Readiness for Primary French Immersion. Grades Four and Five Follow-Up Assessment*. Toronto, Ministry of Education, 175 p.

TSCHOUMY, J.A. (1992). «Politiques linguistiques de la Suisse et perspectives à partir du cas 'Europe'». *Babylonia 00*, agosto (août).

TUCKER, G.R. et T.C. GRAY (1980). «Une réalité américaine mal connue : l'enseignement bilingue». *Langue et société* 2, été.

VESTERBACKA, S. (1991). «Ritualised routines and L2 acquisition : Acquisition strategies in an immersion program». *Journal of Multilingual and Multicultural Development* 12, 1-2.

VYGOTSKY, L.S. (1962). *Thought and Language*. Cambridge, Mass., MIT Press.

WARTERSTON, C. (1990). *Switching out from French Immersion in London Ontario, 1988-89*. M.Ed. Monograph. Montreal, McGill University, Education in Second Languages, 72 p.

WESCHE, M. B. (1984). «Et les universités alors!». *Langue et société* 12, hiver.

WESCHE, M. B. (1990). «French immersion : Postsecondary consequences for individuals and universities». *Revue canadienne des langues vivantes* 46, 3, mars.

WEST, M. (1926). Bilingualism (With special reference to Bengal). Calcutta.

WHALE, D. (1986). «A thousand horror stories : The fight for survival». *CPF National Newsletter* 33, March.

WILLEMYNS, R. (1992). «Linguistic legislation and prestige shift». In *Status Change of Languages*. E. Ammon et M. Hellinger (réd.). Berlin, Walter de Gruyter, 541 p.

WILTON, F., A. OBADIA, R. ROY, B. SAUNDERS et R. TAFLER (1984). *National Study of French Immersion Teacher Training and Professional Development.* Ottawa, ACPI. In J. M. Brine and S.M. Shapson (1989).

WISS, C. (1987). «Issues in the assessment of learning problems in children from French immersion programs : A case study illustration in support of Cummins». *Revue canadienne des langues vivantes* 43, 2, janvier.

WISS, C. (1989). «Early French immersion programs may not be suitable for every child». In *French Immersion : Process, Product and Perspectives*. S. Rehorick and V. Edwards. 1992. Welland, Ontario, The Canadian Modern Language Review, 428 p.